# 光の道に導かれて

—Soul journey to find who I am

スッター 道子 Michiko Sutter

Clover
クローバー出版

光の道に導かれて——Soul journey to find who I am ●目次

# 目次

# 1　前兆、サイン

あなたは、人生の中で怖いくらいトントントントン！　っと、面白いように物事が進んだことや、努力しても、努力しても、どう頑張ってもうまくいかなかった経験はありますか？

何が違うのだろう？　私の人生の中で起こっていることなのに？

なぜか、上手くいったり、いかなかったり。そうかと思えば、後になって「そうだったのか！」と、結果が腑に落ちたり。または、いまだに上手くいかなかった理由がわからなかったり。どうしたら上手くいくのだろうかと悩んだりした経験や「同じ努力をしても成功したり、しなかったりするのは何か理由があるのだろうか？」と、不思議だなと感じることはないですか？

子供の頃「努力すれば良い結果が出るんだよ！」と、親が私に何度も言っていたことを思い出す。勉強しなかったからだろうか？　勉強の進め方がよくなかったからだろうか？　やっぱり、頭が悪いのだろうか？

正直に言えば、私は「人生はなんとかなるさ！」的な、呑気な性格なのである。他の人を見てみると、真面目に計画を立て努力し成功して、幸せそうにしている人がたくさんいると思ったりすることがある。

思い返せば、周りの人がしているように、私も計画を立て努力したけど。努力すればするほど報われなかった経験もいっぱいしたよな。憧れてこうなりたいと思い、努力すればするほど、もがけば、もがくほど、上手くいかなくて、どうして上手くいかないのだろう？

そう、感じたことはないですか？

何が違うのだろうか。ただ、バチがあたったのだろうか。それとも運だろうか。人生って不思議だな、と感じたことはないですか？

話は飛びますが、不思議といえば、ふと思い出したんです。

そう、不思議な、なんとも言えない感情。自分の経験を振り返る。

ある不思議なことを思い出しました。


周りを見渡すと、お墓がいっぱいある場所。

なぜかお墓の周りがスッキリ綺麗な場所に、私は立っていました。

そのすぐ側に、大きな、とても背の高い教会の鐘の塔が見えました。

背の高い立派な教会の塔はとても印象的。

すると、親戚のおばさんやおじさんが、私のところにやって来て「今からあなたの本当の母親に会いに行くからね」と言い出した。

「うんんん?」私は、意味がわからない。「え!? どうして? うそ!」そんなはずがないと戸惑いながら、頭の中は混乱。連れていかれるまま、近くにあった地下室の入り口へ歩いて行った。

「ちょっと! 何?」私の心臓がバクバク動き出す。

親戚のおじさんと、おばさんに導かれながら、大理石の階段を滑り落ちないように、みんなで降りていくと、そこは、とても綺麗な大理石で造られたピカピカのフロアーの地下室。ギリシャにあるような柱が何本か立っていた。

けれど、周りは何もなくガラ～ン、として、ひや～っと感じる空間。

すると「こっちに来なさい！」と、大好きなおばさんが私の手を引いて「私の本当のお母さんに会わせるからね」と、私の手を引っ張り連れて行く。

「ほら！」とおばさんが言い、私の目の前にグルグルに包帯が巻かれたミイラが座っていた。

「ヒエ～！！」うそでしょ！　あ然。

「ミ、ミイラって、お母さん？？　マジ？　うそっ～！」

私の目を見て、おばさんが「今から本当のお母さんに会わせてあげるから、見ててね」と言うと、大好きなおばさんは、包帯を頭の上から解いていくではないですか！！

「え！　見たくない！！」。おばさんの手を払いのけようとして、大きな声で叫ぶ。

「ぎゃ～！！」

その瞬間、一緒に隣で寝ていた姉の頭と、私の頭がごっつ～ん！　と、ぶつかる。

汗びっしょりになって「ひえぇ、ぇぇ～ッ」と慌てて目を覚ます不思議な夢。

その夢はいつも同じで、教会の鐘が鳴り響くと同時に、姉と私の頭がごっつ～ん！　と、ぶつかる。そして慌てて目を覚ます不思議な夢。繰り返し見た変な夢！

奇妙な夢を見たなぁと思った小さい頃の夢。

しかし、あのピカピカした大理石の床やギリシャのような柱と空間はなんだろうか？

「まっ！　いいか！　不思議な夢を見ることあるよね。夢だしねぇ」

遠い昔に見た夢を思い出した。

# 2

## 声の思い出

現在、私が住んでいる場所は、山と緑に囲まれた素敵で大好きな場所。大好きな愛犬ゆきちゃんと毎日散歩をした。雨の日も傘をさしながら散歩。冬になって雪の積もった、かき氷みたいな道を一緒に散歩した。

夕方、散歩しながら燃えるようなオレンジ色と赤色が混じった空を見て、優しい気持ちになって、愛犬ゆきちゃんと家に帰宅した日々。私の大好きな愛犬は、もう天国へ行ってしまって寂しい。時々、ゆきちゃんと一緒に散歩しながら話をしたことを思い出す。

バルコニーから夕日を見ると、今にも不死鳥が出てきそうな夕焼け色が見える。

家のそばに立っている大きな木々が微風にゆらゆらと揺らいで、なんだか寂しいような気もするが、懐かしい感情が出てきた。

小さい頃は、いつも夕方になっても外で遊んでいた。

私は、ボーッとしていた子供だったので、母からよく口癖のように言われていた。「早くしなさい！」「時間でしょ！　ほらほら！」と母をハラハラさせていたことを思い出す。

勉強も何のためにするのか理解できず、集中できなくて、勉強しなかったなぁ〜。こうしないといけない！　と言われることが理解できなかった子供の頃を思い出した。

親に心配をかけたと思うと同時に、あれだけ勉強しなかったのになぜ思ったのだろう。「今、勉強しなくても将来、英語を話すことになるから大丈夫！」と。

いや、聞こえたような気がした。私の耳元で、囁くような、微かな声のような短いメッセージ。今思うと、あの声は何だったのだろうか？　と振り返る。

そういえば小さい頃、道に迷った時、誰かが囁いてくれていたような感覚は、何だったのだろうか？

「違う、違う！」「反対方向！　くるっと回って！」と頭の中で聞こえていた。

頑固な私は、認めるのが嫌で反抗していた。素直に聞けなくて、疲れて歩くのが嫌になった時に、ベソをかきそうになりながら、内なる声を聞いたっけ。

「う・ち・な・る・声？」文章を書きながら、内なる声と自然に書いたけれど、あの聞こえたメッセージは、内なる声だったのか？　そう問いかける自分がいる。

本当は自分の錯覚の声だったのかな？　結婚する前までは、私の弟の声のような気がしていた。

私は双子で、弟と一緒に生まれた。私たちはとても早く世に出てきてしまったので、ふたりとも生きられるかという状態で生まれてきた。

私の両親は、私によく言っていた。その当時、医者から、こう告げられたそうです。「男の子は、助かる見込みがあるが、女の子は残念ながら、助かる見込みは少ないので、覚悟をしておいてください」と。

結局、私が弟の分まで生きることになったけれど。結婚してしばらくすると、「あの囁くような声は聞こえなくなったなぁ」と思い出す。

結婚するまでは、ごく普通に働いて会社と家の往復の生活だったけれど、時々、時間があれば友達と会ったりした。仲の良い友達は「結婚なんて、まだかなぁ〜」な〜んて、言っていた。

ところが、仲間のひとりが最初に結婚すると、それをきっかけに、他の友達もバタバタと結婚が決まり、結婚式ラッシュが続いた。いろんな友達から結婚式に招待され、毎年結婚式に出席した。みんなが「結婚は、まだかなぁ」と言っていた。

あれは、なんだったのだろうかと思うと、今も笑える（笑）。

友達の結婚ラッシュが終わると、結婚できるのだろうか？　と思いながら、気晴らしに英会話教室に通った。そのことがきっかけで、何故か留学するならボストンに行きたい！と思い、語学留学に行った。

その初めての海外留学先で、私の夫と知り合った。言葉に慣れなくて、ドキドキしたけれど、表現の仕方や文化の違いが刺激的で毎日が楽しい日々だった。

今思えば、ボストンに行っていなければ、夫とは会っていない。

理由もなく漠然と、ボストンに行きたいと思ったのはなぜだろうか？

これは偶然だったのだろうか？　と思う。

結婚してから数年後、その耳元で囁く声は、いつの間にか消えていた。
私がいつも道に迷っている時に突然聞こえる声。ささやく風のような短い声。
いつの間にか聞こえなくなったことを忘れていた。

いつも、あの声を感じていたわけじゃないけれど、私の弟の声だったのだろうか？
どうして聞こえなくなったのか？　多分、私が結婚したからだろうなぁと思う。
私はあの声に「今までありがとう」と、感謝を心の中で伝えた。

そして、私の大切な思い出となった。

# 3

# 新しい生活

私の夫、ピーターとは出会って数年後の6月に結婚した。

生まれ育った国とは違う新しい場所で生活が始まった。

今まで大都会に住んでいたけれど、ここは大自然に囲まれ、家の窓から貫禄のある大きな山と素敵な湖が見える。それは、まるでカレンダーの写真に出てくるような景色。

空は澄みきった青で、空気はとても澄んでいる。明るいエメラルドグリーンと少し黒が混ざったヒスイのような色の2色の木の葉が微風で、ゆらゆらと揺れていた。何も考えず、いつまでも眺めていられる風景が大好き。私はそんな自然に魅了された。

生まれ育ったのは都会だった。いつまでも続く家と家。その間に高層ビルが立ち並び、そのビルが空の面積を狭くしている。そんな風景。家々と雑居ビルの隙間に沈んでいく大きなオレンジ色の太陽や、光る黄色のお月さまを見ていたあの頃。

物で覆われていたような感覚の場所から、空の面積が広く、空気を感じ、風を頬と鼻で感じる。清々しい空間がある場所へと住む環境が変わった。今までとは全く違う風景。何もかもが新しいような気がして、ここから何が始まるのだろうと期待満載で新しい生活がスタートした。

新しい生活がスタートしてから半年ほど落ち着くまで、しばらく働かず、ゆっくりした。だんだんと生活に慣れてきた頃、ピーターは、ますます忙しくなり、月曜日から金曜日まで出張が続いた。ピーターが金曜日の夜に、出張から家に帰って来ると、私は週末に洗濯を済ませ、来週から始まる出張の荷造りの準備を手伝った。

月曜日の早朝に、ピーターは仕事で出張に出て、金曜日の夜まで家に戻ってこないという生活が続いた。その頃、あまりにもピーターが家にいないので、義理のお母さんが、私が「寂しさのあまり実家へ帰ってしまうのではないか？」と心配し、いつもお茶に誘ってくれた。

そして、同じアパートに住むカナダ人のジャネットもお茶に誘ってくれた。
今から思えば、ジャネットとの出会いは、面白い出会いだった。
新しい場所に、まだ慣れていない私は、月曜日の朝になると、パジャマ姿でピーターを玄関で見送っていた。

ある日、誰もいなかったので、パジャマのまま、ドアを半開きにして外に出た。ピーターを見送った後、家に入ろうと、ドアノブをつかもうとした瞬間。手が滑って、オートロックのドアがバタンと閉まってしまった！

カギを持っていたので問題はなかったのだが、いつもカギと相性がよくない私は、パジャマ姿のまま、玄関のドアの前で、カギで、鍵穴と格闘していた。
カギを開けようとしたが、カギが鍵穴のなかでグルグル回って苦戦した。

携帯電話も持っていないし「このまま家に入れなかったらどうしよう！」と、焦っていた時に「変な人！？」という感じで、私の顔をじっ〜と見ながら「あなた誰？」と、私に声をかけてきたのがジャネットだった。

彼女に、最近引っ越して来たこと。なぜ私がパジャマのまま、カギでドアを開けるのに苦戦していたのかを説明すると、ジャネットは安心したのだろう。

すぐに彼女の声のトーンが、高い喜びの音になった。「あ！　ご近所さんね！」と言い「今からコーヒー飲まない？」と誘ってくれた。

そして、ジャネットは、いとも簡単にカギでドアを開けた。それを見て私は、彼女は魔法使いかと思った。同時に、ドアが開いてホッとした。

そして、ジャネットの後をワンコのようについて行き、パジャマのまま、彼女の家に入っていった。「日本じゃ、考えられないよね。まあこんなこともあるよね！」と自分に言い聞かせながら、彼女の家へパジャマのまま訪問した。

彼女は、カフェが大好きで、たくさんミルクの泡をカップに盛って楽しそうに飲みながら、自伝本を読んでいるかのように自分の人生の物語を語ってくれた。

私は「そんな人生もあるんだ！　すごっ！」と、彼女の物語を音楽のように聴きながら、美味しいカプチーノをご馳走になり、その時間を楽しんだ。

彼女の子供が帰ってくるお昼どきになり、ジャネットにお礼を言って、自分の家に戻った。「すごい、こんなに自分のことを話すんだ！　文化が違う！」と感じた。

数日が過ぎたある日、ジャネットが日本語を話せるドイツ人のアンナを紹介してくれた。アンナはすごく流暢な日本語で話をしてくれた。彼女は小さい頃にお父さんの仕事の関係で日本に数年いたそうだ。アンナが私に、日本語で地元紙を発行している日本人がいることを教え、その地元紙をくれた。

家に帰って、地元紙に掲載されていた求人を見つけた。

初めは、ゆっくりしたいと思っていたけれど、暇だし「その会社に縁があれば働いてもいいかな？」と軽い気持ちで求人に応募した。面接後、ご縁があったのだろう、すぐに働くことになった。

それから数ヶ月後に引っ越しをすることになり、だんだん忙しくなって、ジャネットと流暢に日本語を話すアンナとも会わなくなった。

時々、カプチーノを飲むと、美味しそうにカプチーノを飲んでいたジャネットを思い出す。

彼女は元気だろうか？

# 4 異国の日常

私は、日本で働いていたので、働くのは初めてではなかったが、やはり自分の母国語でない言葉と文化の違う国で仕事をするのは簡単ではなかった。けれど、仕事や働く環境に慣れてしまうと、楽しい充実した毎日だった。

当時は、1日の電車の本数が少なく、片道約2時間かけて出勤した。なぜか電車でうたた寝するのは、私ひとりだった。周りの人は新聞を読んだり、音楽を聞いたりして、寝ない人がほとんどだった。朝早く起きて、遅く帰宅する生活が続くと、電車の中でウトウトしてしまう。

しかも時々疲れ過ぎて、知らないお兄さんの肩に、私の頭を乗っけたりして、寝てしまっていた経験が2、3回程ある。私は目が覚めて「ぎえぇ～」と、顔から火が出て大声を出しそうになった。正直に言うと、ハンサムな若い人だった時は「今日は運がついている！良い経験だった！」と思いながら、お世話になったお兄さんに「ごめんなさい、ありがとう！」と言い、オフィスに向かった。

私は、電車で寝ない人の方が不思議だと思った。みんな疲れてないのだろうか？働いていた時は毎日、自分の時間はあまり無かったが、たくさんの事を学んだ。家の生活とは、また違う時間があり、仕事に慣れれば、気持ちに余裕が出てきて、それなりに楽しい日々が続いていた。

そんな中、世界的に経済が下向きに加速。支店だった事務所が閉まることになり、私は無職になった。それまで経済がすごく良くて、人手が足りない状態で失業率がマイナスだったのが、世界的不況が来て、一気に失業率がプラスに加速。

事務所の後片付けをしている時も、求人の問い合わせの電話が多くあり対応した。部屋の片付けを終えて、事務所のカギを管理人に渡し、全ての仕事が終了した。

その後、数日間のんびりした時間を過ごし、私は地元の町の職業センターに行き、失業保険の手続きを済ませた。書類を提出するのは仕事で慣れていたので問題なく手続きを終えたが、私の住んでいる村の言葉は、ほとんどがドイツ語なのである。

今まで働いていた場所は英語で話をしても問題はなかった。私が働いていた地域は、外資系の会社が多く、多国籍の人々が多く住む場所だった。歩いていても普通に英語の会話も聞こえる。それが当たり前だった。ドイツ語で話すのは、慣れていなくて苦手だ。

スーパーに買い物をする時も、話すこともなく牛乳もヨーグルトも、そのまま食品を手にとって購入できた。しかし、家の近所のスーパーに行った時、話しかけられて簡単な言葉が出てこなくて困った。「このままではいけない！　言葉を勉強しないといけない」と感じた。

働いていた時は、ほとんど仕事と家の往復だったので、さほど気にはならなかったが、地元の市役所に電話で問い合わせをした時に、「ドイツ語じゃないのね！　わからないわ！」と電話を切られてしまった。現実がやって来た！

ドイツ語で話すのは苦手だ。でも「ここで生活をするのならドイツ語をもっと勉強しないといけないなぁ」と思っていた。

その翌日、郵便受けを見ると、職業センターから手紙が届いていた。

# 5 影と光

職業センターから来た手紙は、ドイツ語集中コースの案内の手紙だった。すでに、日時と場所が書かれてあり「来てください」という内容だった。先日、職業センターの人と話をした。その時に「就職するには語学のスキルアップが必要だ！」と話をしていたのだ。

私は語学学校に行きながら、就職活動をすることを決めた。指定されていた日に、語学学校に行くと、学校の入り口の前で、たくさんの人が待っていた。待っている人が多すぎて道路の脇まで列ができ、人が並んでいた。

その頃、他の国で戦争が起きていて、戦争を逃れ、たくさんの人々がヨーロッパの各国に住む場所を求めて移民移動が起こっていた。

列になって並んでいる人達を見て「こんなに多くの人々が失業しているのだ」と感じた。私が並んで待っていると、番号札を係の人から渡された。

その数時間後、私の面接の番が来た。約30分の面接が行われる予定だ。面談を終えて帰宅したが、なんだか複雑な思いだった。私が前に仕事をしていたのは会計職だったが、そのことを学長に伝えると「あなたが？　ここに来る大勢の人は、ウェイトレスやコック、販売員や掃除を職業にしていた人ばかりよ」と言われた。

ウェイトレスやコック、販売や掃除の職業が悪いわけではない。頭ごなしに決めつけられると、馬鹿にされているようで腹が立つ。確かに、私の住んでいる場所は、国際的な企業がたくさんあるわけではない。事務職希望者は、失業率が高く、競争率が激しいと聞いた。再就職は難しいということなのだろうか？

私は自分の面接の番が来るのを待ちながら、いろんな国の人と話をした。いろんな人と話をすると、確かにオフィスで働いた経験を持つ人は少なかった。母国で薬品会社に勤めていたという人も、母国で獣医として働いた経験を持つ人もいたが、私の住む小さな町は、外国人がオフィスで働くのは珍しいらしい。
「この場所は観光地だからか、とにかく職業センターが学費を出してくれることになっているらしい。家でじっとしているよりは、ここで語学を学んで就職活動をした方が良いではないか」と、気持ちを切り替え、語学学校へ行くことにした。

翌日、学校に行ってみると、やはり戦争で祖国に住めなくなって家族で移住して来た人や、国に意見を伝えるためにデモを行ったことで、母国に住めなくなった人が何人かいた。国や生活環境が変われば出会う人も違う。そして文化の違いを大きく感じた。戦争が激化していた。授業を受ける室内で、敵国の人と人とが、向かい合わせに座ったりもする。クラスの中では、政治と戦争の話は禁止となった。

朝の8時から夕方5時まで学校で語学を学んだ。お昼休みになると同じクラスの人達と話をした。生活のために夜働いて、昼間に学校に来ている人もいた。
「そんな人は、いつ勉強するのだろうか？　私は恵まれている」と感じた。毎週、毎月テストがあり、合格しないと上のクラスに上がれない。

もちろん、面接時に、履歴書と語学評価表を一緒に提出することになる。

当然だが、証明書も語学のレベルが高いほど就職率は上がる。私は日本で退職時に、会社ごとの仕事評価表をもらっていなかった。そんな習慣は今までなかったのだ。この国ではそれが無いと書類審査で、はじかれる対象になる。

今まで働いた会社に能力評価表の発行願いを問い合わせた。その中で1社だけ書いて送ってくれた。

ドイツ語が上達していく中、就職活動の苦戦の日々が続いていたが、ある日、就職先がやっと決まった。面接が大嫌いだったので、働く場所が決まると、とても嬉しかった！やった〜！　という感情が湧き上がる。

とても嬉しいけれど。今から考えると「どうしてこんなに働くことと、事務職で就職することに焦点を当てていたのだろう？」と思う。

しかし、その時は、職業センターの人から「全然違う職で働いてしまうと、今度、気が変わって、もう一度自分の専門職で働きたいと思っても、ブランクがあるため、再就職するのはとても難しい。希望職を変えずに就職活動をしてください」と言われた。私は、言われるまま行動した。その通りだが「今思えば、どんな職業でも良いではないか？」と感じる自分もいる。

今なら冷静に自分を思える。今の私は変わったのだと感じる。以前の私ではないのだと思う。その当時、私は求人に何度も、何度も、履歴書を送り、すぐに書類審査ではじかれ、履歴書が返ってくる日々が続いたので、自分の自信を無くしてしまったのだろうと思う。とにかく、自分の好きな職業で働く会社が見つかったことに喜びを感じた。

新しい生活が始まった。今まで、ひとりで書類の処理をする仕事がほとんどだったが、今度はチームで仕事をしていく。外資系の会社だったので、いろんな国の人達と話をして仕事をした。コミュニケーションで、文化の違いを感じたが、慣れてくると楽しく仕事ができた。相変わらず、朝早く起きて出勤し、夜遅くに帰宅する毎日が続いた。

働くと、ゆっくりとした自分の時間がなかなか持てなくなった。そのことは仕方がないと思っていた。そんな毎日が2年続いた頃、隣のミーティングルームで大声が聞こえた。「何があったのだろう？」と思ったが、自分の仕事の処理に集中した。

次の日、会社に行くとみんな会議室に呼ばれた。役員からの話を聞くと会社が別の会社に買われて、株主も変わるとの内容だった。

それがどういうことなのかは良くわからなかった。その1年後に、私が働いていた部署がなくなることになった。そして私は、また無職になった。

「あぁぁ、またかぁ～。外国では当たり前なのだろうか？　それともジョーカーを引いてしまったのだろうか？」と、思いながら解雇通知を渡された日の帰宅途中、バスの中から、エリートたちが働くとされているオフィス街を眺めた。

素敵で、かっこいいスーツを着て歩いている人達を眺めた。オフィスで働いているのだろう、エレガントな服を着た人達がハイヒールで颯爽と歩いていた。

しかし、何故かその時、その人達は笑顔でなく、どこか寂しそうな顔をして歩いていた。

「なぜだ？」カッコいいスーツやエレガントな服、颯爽と歩く姿、だけど、笑顔じゃなかった。

幸せそうじゃないと感じた。その1点が妙に気になった。

そうして、またもや職探しと勉強の日々が私の生活になった。そんな中、ピーターの海外出張は続いた。子供の頃、あんなに勉強が嫌いだった私が、いつの間にか学ぶことに夢中になった。笑いそうになる。

誰かが言っていたことを思い出す。「1人ひとりの人生の中で勉強する時間が決まっていて、子供の時に勉強しなかった子は、大人になって勉強することになる」と。「そうなのか？」と子供のように思う。馬鹿馬鹿しいと思った瞬間。

あの声が聞こえた。「今は、わからないだろうが、後になって役に立つよ！後になって、だからかと思う時が来るからね！」と。

あの声が聞こえたような気がした。

以前に聞こえた、あの声とはまた違っていた。「なんだろう？」と思ったが、すぐに現実に引き戻された。今日は最低10社に私の履歴書を送る予定だったことを思い出した。

数ヶ月後、私は専門学校に1年通い、テストを何回も受け卒業した。

卒業後、月に何回も面接を受けた。面接は嫌いだった。確かに、今までは学ぶことに夢中になりながら就職活動をしてきた。しかし、面接がなかなか上手くいかず、いらだちと疲れが出ていた。

こんな生活が、いつまで続くのだろうと思った時に、何気なく気晴らしに、ホロスコープを読んだ。その時間がいつの間にか、好きになっていた。星の動きから、人の感情や状況が影響されることがあると書かれてあった。

それと星座別に「すると良いこと」や「励ましの言葉」が書かれてあった。読むと、なぜか嬉しくなり、励まされた。気分転換になっていたのだろう、ホロスコープを読んだ後は心が軽くなった。

ある日、ふと気づく。「人生はいくら頑張っても星の動きで影響され、上手くいったり、いかなかったり。チャンスのタイミングなどが影響されることがあるのではないか?」と。よくわからないけれど、自然とそう思うようになった。

私が知らない「何か？」があるのかもしれないと思った。

一方で「今の自分の現実を受け入れたくなくて、言い訳のために、こんなふうに思うのだろうか？」と思う自分もいる。


そう感じながら、ふと、窓から外を眺める。私は窓から見える風景が大好きだ。龍が住んでいるといわれる山と、いろんな形の雲と雲。その雲の色は、優しい白色で、空は鮮やかなブルー。空と雲雲に癒された。


空を眺めていると、突然はっきりとした、答えのようなものがやって来た！

「アレ！？　そうだ！　努力しても何をしても、上手くいかない時は、その道じゃないんだ！！」神様は私に「その方向じゃないよ！」と教えてくれているのかも！？

「そうだ！　これは私の進む道ではないんだ！」と、なぜか私は思った。その途端、自分の見ている目の前の景色がパーっと明るくなったような気がした。

「そうだ！　違う方向へ進んでみよう！」

職業のために生きているのではないし。「私は私」「人生は一度きりだしね。いろんな経験をしてもいいんじゃないの！」と、心からそう感じて、喜びでいっぱいになった自分が、とても嬉しかった。

早速、その日の夜に、今日、私が感じたことや、これからのことについて、漠然だが、思ったことをピーターに伝えた。私はやけに興奮していた。

それを聞いていた彼が言い出した。「日本には美味しいものがたくさんある。

僕たちが住んでいる国でも、美味しいお店があるけど、何かが違うよね！」という話になった。私たちは食いしん坊で美味しいものが大好きだった。

「そうだ、まだ売られていない、美味しいものを輸入して売らないか？　美味しいものを食べると、人の顔が一瞬にして笑顔に変わるだろ？」「美味しいものを見つけて販売して、人に喜んでもらえるなんて素晴らしいじゃないか！」と、ふたりの意見が弾んだ。

会話の声のトーンが、希望の音となって部屋中に響いた。何年かぶりに笑顔が戻り、希望に満ち溢れた会話ができた。

そう、私たちは食いしんしん坊だったことを確信して笑った！

# 6

# 希望と喜びと赤い招き猫

1つの希望の光を見つけた時から、何もかも人生が変わったように感じた。

「嬉しい！　満たされている〜！」と感じた感情は久しぶり！

長い間、忘れていた感情や喜びと希望。窓から見える透き通った青の空。いろんな形をした白い雲と大好きな山。木と葉っぱがゆらゆらと風に乗ってダンスをしているようだった。

「自然がおめでとう！」と私に伝えているようで、目に映る私の視界が明るくなった。運気の波に乗って、どんどんアイデアが、面白いように湧き上がる。

「美味しい日本食品を何か知っている？」と、日本に住んでいる友達と家族に聞いたりした。美味しい食品リストを作成し、メールで会社に訪ねてみた。

その中の何社かに興味を持ってもらえた。そして、良い返事をもらえた会社に連絡をして訪問する日程が決まった。

そうなると、名刺も必要になるので、名刺を作ることにした。会社のロゴのアイデアも、すぐに頭に浮かび、名刺作成も問題なくスルスルと進んでいった。準備が整い、美味しい食品を求めて日本へ帰国した。

勇気も必要だったけれど、こんなに行動できるんだと、新しい自分を発見した。今なら思える。行動的な私の部分が出たのだ。

それは、ピーターが私の背中を押してくれたから。たくさんの勇気が出て、ここまで進むことが出来たと感じる。新しいことを始める時は、たくさんのエネルギーがいる。私のいちばん身近な人から、応援のエネルギーを喜びと共にもらえたのは、やはり大きい。彼の応援のエネルギーは、私を力強く前へ押してくれたと思う。

そして、夫婦共通の食いしん坊のエネルギーが爆発したんだと感じた（笑）。

夫婦関係だけでなく、心地よく力を合わせてくれる人達と、一緒に働く場合と、足を引っ張り、チグハグなエネルギーの人間関係で働くのとは、アイデアもパワーの出かたも違うと感じる。心地よい環境で働くとリラックスして、アイデアも浮かびやすい。相手を信頼できることは幸運なことで、プラスのエネルギーが何倍にもなって結果として返ってくる。

そうすると、失敗しても隠さず話ができ、問題が起こっても問題解決に向かって早く終わらせることができる。問題解決は早い方が良いと思うし、嫌なことに対処できれば、お互いの信頼関係も強まるのではないか。

かつて、そんなことを経験した感情になる。子供の頃に感じた感情なのか？誰もが人を疑うことがなかったあの頃。遠い、遠い昔、そんな時があったと、何故か懐かしくなる。安全で守られている！　と感じていた感情。

いつのまにか私は人に対して慎重になっていた。以前は違ったように思える。

「思い出せないくらい前に、この世界は変わってしまったのだろうか？」と思う。

一瞬、私の瞳が遠くなっていくような気がした。

そして、日本で予定していた仕事の日程を終え、私の家族と楽しい時間も過ごせた。観光もした。美味しいものを食べて、あっという間に時間は過ぎた。

明日は日本を離れる日だ。帰国する前に、ピーターと大阪の商店街へ出かけた。

商店街の中にある、どこまでも続く店々を見てウキウキ！　目がギラギラしているのを、なぜか自分でも感じ取れた。


ピーターと目が合う。ヤバイ！！


彼の目をチラッと見てわかった。私の買う気満々モードになっている心を読まれていた。

「ダメだよ！　もう買うなよ！」という顔をしていた。

なぜならスーツケースがもう、パンパンなのだ！

「見るだけだよ～」と、ピーターに言い、開き直って、気になっているお店に入る。そのお店の中に入っていくと、店に飾るための商品がいっぱい並んでいた。

さすが大阪！！　のれん、店の前に出す旗や、派手な電球と共に、いろんな招き猫が店内に置かれてあった。

店内に並んである商品を見ながら歩いている私の足が、突然ピタッと、止まった。

前を見ると、私の目の前に置かれてあった招き猫を見つけ、心を奪われた。

その招き猫の色は赤色。「持ってけ！　私を持ってけ！」と、その赤猫が、私に言っているように感じた。

その招き猫を買ったら、ピーターに何か言われそうで、いったん店を出たが、その招き猫が妙に気になって、再び店に入った。


私は思い切って、気に入った招き猫を購入してしまった！

ピーターは、私が何か買うのを予想してからか、その場からいなくなっていた。

私は店を出て、外にいるピーターを見つけ、彼の方へ歩いていると、途中から、彼が私を見て睨んでいるのが見えた。


「ことがバレた！！」


当たり前だ、商品は30センチほどの赤の招き猫だ。

手に持っている物を見るとすぐ、何を買ったことぐらい、わかるじゃないか。

ピーターは、私に言い放った。「手荷物規定オーバーなら持って帰れないからね！」と言い、彼は機嫌が悪くなった。

私は一瞬、シュ～ンッと、犬が反省するような気分になったが、5分後にはケロッとしていた。しかし、私は気になったことがあった。

「何故？ 黒の招き猫じゃなくて赤の招き猫を買ったのだろう？」と気になった。それを思うと笑えた。

帰国後、まず、私の住んでいる地域から、イベントに参加して、日本から輸入した商品を販売していった。最初はうまく説明できなかったが、だんだん慣れて、楽しくなってきた。ピーターが仕事の休みの時は、手伝ってくれた。嬉しかったし、心強かった。1番びっくりしたのが、無口なピーターが、積極的にお客さんと楽しそうに話をしていたことだ。

ピーターの目がキラキラしている。お客さんに食品説明を一生懸命している姿が、生き生きとしていた。彼は、楽しんでいた。

なぜか私たちが楽しそうにしていると、お客さんは、いつも申し訳なさそうに来てくれた。ふと気づく。なぜって？

お客さんがいない時に、ピーターは、どこからか、美味しい食べ物を見つけて買ってきた。そして、ふたりで美味しそうに食べていたからだ（笑）。

「食事中ですよね、今、いいかしら？」とお客さんが遠慮しながら来てくれるのである。私たちが喜んでいると、福が来てくれる。福は福を呼ぶとはこのことだと思う。

お客さんが、商品が入った袋を握りしめて「ありがとう！」と言って帰っていく。そんなお客さんの笑顔が見るのが好きだった。私は、お客さんが帰っていく姿を見送りながら「今夜、どんな食事を作ろうか？」とか「どんなワインを飲もうか？　と、考えながら帰宅するのかなぁ？」と想像してみる。楽しい想像は人の心を豊かにしてくれる。

私は思う。豊かなエネルギーとは。

幸せで満たされたエネルギーが、自然に体の内側から放たれる光のエネルギー。

エネルギーの循環とは。

鏡のように反射して帰ってくるエネルギー。満たされたエネルギーが循環する空間はとても豊かだと思う。

光のエネルギーの循環とは。

愛と調和のエネルギーの循環。純粋でクリアなエネルギー。

満たされた感情を丁寧に受け止め、魂が喜んで体の中から輝くような。そんな幸福感いっぱいのエネルギーが身体の中から発光し、外見から見ても美しく輝いて見える瞬間は、本当に豊かだと感じる。

そんな嬉しい感情を思い出すだけで、自然と私の口元が、への字から上に上がる。

幸せなエネルギーで心の中が満タンに満たされて、無になり感謝という気持ちでいっぱいになる。

話は変わって、それから日々が過ぎていった。

友達と美しい景色を眺めながら湖沿いを散歩している時だった。歩きながら話題になっていた地球環境問題について話をしている時だった。

突然。

「淘汰される、淘汰される。源に戻っていく！」と、耳元で声が聞こえた！

友人の話を聞きながら、私の耳元で、何度も、何度も繰り返される声。

何度も繰り返されたメッセージだったので、私はそのメッセージを友達に伝えた。


「淘汰される、淘汰される。源に戻っていく！」というメッセージ。

「これから起こることは、地球環境の変化のことなのか？　わからないけれど。

今後、何かが淘汰され、源に帰っていくように感じる。具体的には、よくわからないけれど」とだけ、友達に伝えて家に帰った。


あのメッセージを聞いてからも、いろんなイベントに出店して販売していた。

その約3ヶ月後。年が明けてすぐ、世界各国で、感染率の高い風邪のようなウイルスが猛威を振るい、ものすごいスピードで人々に感染していった。

簡単な外出ができない状態になった。次々に感染し亡くなる人が増えてきた。

ワクチンは、まだできていない。今まで経験をしたことがないような事態が起こっている。感染が感染を倍増していくような状態だ。

病院のベッドが足りない状況になり、ロックダウンが国から発令された。どのテレビのチャンネルを見ても、ニュースはこの感染症のことを伝えていた。

私は状況を考えて商品販売を、すぐにオンライン販売に切り替え、ゆっくりだが、販売を続けた。イベントで商品が買えないお客様からの注文をいただいた。

「この感染が収まったら、またイベントが始まるだろうけど。また再び以前のような生活が戻ってくるのは、いつなのだろうか?」と。不安な気持ちが大きくなっていた。その頃、ピーターは食品関係の仕事をしているせいか、感染症が発生する前よりも、ますます仕事が忙しくなっていった。

不安の中、季節が移り変わり、だんだんと暖かくなってきた頃。良いニュースが届いた。だんだんと感染者数が減っていき、ロックダウンもやっと解除になった!

飲食店は、いくつか営業規則が決められていたが開店しても良いことになった。

・来店されたお客さんに、来客リストに連絡先を記入してもらうこと

・消毒液を設置する

細かな規定があるけれど、テラスなどの野外なら営業できるようになった。

ニュースなどで「以前のような生活状態は、もう戻らないのでは？」など、いろんな今後の予想が伝えられていた。


イベントは、まだできない状態が続いたが、このまま少しずつ良い方向へ進んでいくと、イベントもいずれ開催できると小さい希望が出てきた！

久しぶりに外に出てみると、たくさんの人が歩いていた。

テラスでカフェを飲んでいる人達もいた。


「この調子だと夏には通常状態になっているかも！？」と思いながら、前向きな思考に切り替えた。私は「以前のような状態に戻るまでに改善できないかな？」と思っていたことがある。


それは、イベントごとに荷物を運ぶ作業と片付けをする作業。無駄が多いのだろうか。

これが結構、時間がかかる。無駄を省いていきたいと、思い始めていた時。知り合いから電話がかかってきた。

電話に出ると「お店を出さないか？」という話の内容だった。

彼の知っている人が「お店を出す人を探している」ということだった。

びっくりした！！　そして不思議な感覚がした。

なぜかって？　「お店が持てたら良いな！」と思っていたからだった。


そうすると「商品をケースに詰めたり、出したりしなくても良くなるのになぁ」となんとなく思っていた。「手間が省ければ良いなぁ！　なら良いな〜」と。淡い期待のような、そんな感覚で思っていたから。


私はただのズボラ屋さんなのかもしれない。いや、自分で商品管理や宣伝、販売、経理をしている。「人を雇いたいけど、そんな余裕はないなぁ」などなど。

そんなふうに、ただ、空想を思い浮かべてから、３ヶ月が過ぎた頃だった。

「こうなったら良いな！」と、思っていたことが現実になろうとしていた。


気持ちがまだ追いつかないくらい、トントンと進んでいく。

「こんなに早く進むことってあるんだ！」と、不思議だったが、嬉しい気持ちで、その不思議な感覚はすぐに私の感情から消えていった。

その後、状況は感染者数が下がり、政府からの規制もどんどん緩和し始めた頃だった。閉まっていたお店もこれからどんどん開店していくだろうという頃に、お店を持つチャンスが私に舞い込んだ。

その夜、ピーターにそのことを伝えた。すごく喜んでくれた。

早速、知人から聞いた人に連絡をして、その人に会うことになり、私たちが販売している商品や、思っているお店のコンセプトをその人に伝えた。

その人の名前はポール。彼はもう、すでにレストランを何軒か持っていて25年以上、飲食店ビジネスの経験を持つ人だった。あとは、ポールがお店を出すことにあたって、私が販売している商品を気に入ってくれるかどうかだ。

なぜか「以前に買った赤い招き猫を店におきたい」と思った。

よく見ると、赤猫の足の裏に何やら紙がくっついていた。よく見ると説明書に赤の招き猫は、病気や奇病から守ってくれると書いてあった！

「だからだ！！　この赤の招き猫は、感染病が来ることを知っていたんだ！」だから、ピーターが海外出張に出かけても、私たちは、まだ感染病にかかっていない。「守ってくれていたんだ！　ありがとう〜！」と、感謝した。
「店にこの赤い招き猫を飾ろう！」と思った。

まあ、縁があれば進んでいく。
私たち夫婦は、これまでの経験から、いつの間にかそう感じていた。
私たちにとって良いことは、いつも、あれれっとすごい勢いで進んだからだ。

# 7 循環の輪、The Wheel

販売している食品を使って料理し、写真を撮ってポールにメールで送ると、「良いね！盛り付けも、お皿もマッチして、お客さんも喜ぶよ！　僕が1番の客になること間違いなしだ！」と、とても気に入ってくれた。

その写真の料理は、炭で炙ったタタキに、たっぷりのネギと生姜、カリッと揚げたニンニクチップを散りばめたものだった。

お皿は四角の大皿で、色は桜色。隅にゴールドの色で桜が描かれていた。

最後の盛り付けに、タタキの周りにチェリートマトを飾りに置いた。

ボルドー色のタタキとゴールドのガーリックチップ。ピンクの淡い桜色のお皿の上に、意外にもトマトの赤が、可愛さと華やかさを表現していた。

その後、ポールに料理を食べてもらった。彼はすごく気に入ってくれた。

初めは、だしや醤油などの食品だけの販売予定だったが、その食品を使って簡単な軽食ランチを週替わりで提供することになった。肉か魚類と野菜だけの2種類を出すことにした。

ポールから、すぐに良い返事が来た！！

「ヤッタ〜！　夢が叶った！！」現実になった瞬間だ！

体の中から大きなエネルギーが喜びと共に湧き上がってくる。

そうだ！　会社を設立しなければ！　と思い、大急ぎで義理の両親が知っている弁護士事務所を紹介してもらい、連絡をした。

ピーターと、一緒に弁護士事務所に向かう。

その弁護士さんは、時々テレビにも出演している活躍中の人だ。なので、すごいビルに事務所はあるのかと思ったが、ビルは意外にも普通。事務所の中に入ると、きらびやかさはなく、事務の人が受付もされているような質素な感じを受けた。

受付の人から応接室に案内していただき、弁護士さんと会社設立に関しての話をした。

話が終わり、事務所を後にした。その後、書類が出来上がり手続きが完了した。

そこで1つ大きな学びがあった。弁護士さんから、会社設立に必要な書類作成のことだけでなく、会社設立への経緯や動機についても話を聞かれた。


書類の処理の効率だけを考え仕事をすれば、時間も短縮され機械的に終わる。

だが、いろんな話をして細かな内容を確認していくと時間もかかる。

送られてくるメールの時間を見るとびっくりした。まだ、みんなが寝ている朝早い時間に、彼はもう私にメールを送っていたからだ。


長い時間働けば良いと言うものではないが、丁寧な仕事から見えていなかった視点が見え、それについてのアドバイスもいただいたと感謝した。

書類提出という、枠にはまった作業だと思っていたが、その枠にはまった作業の中にもクリエイトが生まれ完成し、安心と満足を提供できるというわけだ。


何件もある弁護士事務所の中で、人気と信頼を得ているのは当然だと感じた。

テレビのイメージとは真逆だった。

ドラマの中の有名な弁護士は、いつも良い服を着て、きらびやかなビルの中に事務所があり、部下に仕事を任せて、いつも素敵なレストランで豪華な食事とワインを飲んでいた。私が見た現実は、それとは大きく違っていた。


ふと思った。今後は、こうでありたい自分や人生のバランス基準は、状況によって変化するため、個人個人が決め、他人がこうするものだと、決め付けられない時代に色濃くなっていくと感じた。


あれこれ思っていたら、急に私の思考の風船がパンッと弾けた！

「次に進めていくことはなんだったっけ？」っと、思考から現実に戻った。

開店に向けて、作業がどんどん進んでいく。自分の夢に向かってイメージして、行動することは、想像以上に心がウキウキした。

無限のアイデアの湧き水がどこまでも流れてくるように感じた。

エネルギーの循環というのは、こんな感じのことを言うのだろうか。

何もなかった空間から、テーブルや椅子などが運ばれてくる。注文していた食品や商品が届いて、いろんな物が置かれることで彩りが目に入り心が和む。

「お客様に気に入っていただけるだろうか？」

「今、自分の目に映っている物と商品だけの空間に、人が入ると、どうだろうか？」と想像してみる。「問題なく、人が出入りできるように入口はもっとスッキリしよう！」とか「花は造花でなく生花をおきたい！」などイメージするのが好きだ。

「座り心地はどうだろうか？　座った目線から見える店の飾り付けは、素敵に見えているだろうか？」と、あれこれ考えながらお茶を自分で淹れて飲んでみる。

そして、喜びと笑顔で帰っていく人たちをイメージすることが、何よりも大好きだ。楽しい想像は、疲れた体と心に不思議なパワーをくれた。

喜んでもらえたら、疲れが吹き飛ぶ。人を思い、その思いが通じて喜んでもらえる。最高のエネルギーの循環ではないか！

私が小さい子供の頃、親からいつも「まず他の人のことを考えて、それから自分のことを考えなさい」と言われて育った。

しかし、自分のことは置き去りにして、他の人のことばかり考えて行動すると疲れ果ててしまう。お世話をした人から、今度は逆に助けてもらえるだろうと、勝手に期待するが、期待した相手から、期待した「何か」が来ないと、オセロのように白い心が黒になる場合だってある。


「結局、人は自分のことが大好きで、ワガママなだけなのだろうか？」さっきまでウキウキした心で、いろんなことを考えていたのに「この心と思考の差は一体なんなんだろう！やはりバランスが大切なのだろうか？」。

またもや私の思考が頭の中でグルグルと回りだした。人生は面白いな。何が起こるのかわからない。小さい時に親から「こういう時は、こうしなさい！」と言われたが、実際そう、ならないことが多いではないか。でもその時は、そうだったかもしれない。そもそも、自分の人生は、親のものではないし。

経験しないと分からないことだってある。同じ行動をしても、その時々で感じ方も相手から返ってくる反応も違う。グルグル思っていると、教会の鐘が鳴り響いた。鳴り響く教会の鐘の音は、まるで私に「現実に起きていないことを想像しても仕方ないぞ！」と、伝えているように思えた。

「あ、そうだ！」時計を見て思い出した。10分後に人が来る予定だ！　そのことを忘れていた！！

そして私の休憩時間が終わった。

# 8 大きな川の流れ

季節は真夏が過ぎた9月。すごく暑い。キツイ日差しが、少しずつ和らいでいく。季節の変化の時。「晴れたらいいな！」そんな軽いテンポで準備が進んでいく。

そして、日々が過ぎて、とうとう開店の日が来た！

今日は、開店祝いパーティーも開かれる予定だ。店内の準備リストにチェックを入れながら確認。「もう少しで、人が来てくれるだろう」と思い、時計をチラリと確認した。なぜなら、知人に開店パーティーのお手伝いをお願いしていた。

私のお店から、さらに奥にあるイタリアンレストランのポールのお店は、一緒に開店する予定だったが、キッチンの工事が遅れ2週間後の開店となった。

開店パーティーの準備が終わった！

お店の外に出てみると、清々しい空気が、フル回転している私の脳を冷やしてくれているように感じた。ガラスのドアを見ると、お店の名前、開店日と時間が書かれてある。「今日から毎日ここへ来て、お店を営業する生活がスタートするんだ！」と思うと、なんとも言えない気持ちになった。

「楽しもう～！」

私が楽しんでいれば、来てくださるお客様も喜んでくれるに違いない。そう思いながら周辺を見ていると、手伝ってくれる知人が来るのが見えた。

さあ、はじまり、はじまり！！

開店祝いパーティー開始時間前から、店の前で待っている人が、少しずつ人が増えてきたので奥の席までご案内した。ありがたいことに、多くの方々に来ていただき、お祝いの言葉をいただいた。周りを見渡すとたくさんの人で、賑やかになっていた。

私は、片手に、カクテルやおつまみを持ちながら楽しそうに笑ったりして、話をしている人々を見て「良かった～！」と、ホッとした。

気がつくと、外は暗くなっていた。3時間ほどのパーティーが終わり、来ていただいた方々にお礼を言って手を振ってお見送りする。手伝ってもらった知人もテーブルにあったグラスなどの片付けが終わると、笑顔で手を振りながら帰っていった。

さっきまでワイワイと賑やかな空間だったが、一気に変わり、シ～ンッと静かになった。何事もなく無事に終わりホッとした気持ちと、人々がいなくなって、ガラ～ンとした空間が淋しい感情を私に引き寄せた。

すると、ピーターが店内に入って来た。彼も朝から買い物や用意で、今まで手伝ってくれていた。いやいや、お店を開店すると決めてから、他の仕事をしながら、手伝ってくれていた。本当に心強い、ありがたいと思った。

残っている片付けを済ませ、ピーターの顔を見ると、疲れた顔をしていた。

私の目も、ホッとして、垂れ目になっているような気がする。

「あ、そうだ」私たちは、何も食べていなかった事に気づいた。

「家に帰って、赤ワインで乾杯したい！」急に家に大急ぎで帰りたくなった！

家に帰ると、ピーターとゆっくり、赤ワインで乾杯した！
グラスとグラスを合わせると喜びの音が家全体に響いたように感じた。
お腹は空いていたが、夜遅いというのもあり、クラッカーと柔らかい白いチーズとビュンドナーフライッシュという乾燥肉をつまみに赤ワインを楽しんだ。

疲れていたので酔いが早い。歯を磨いて寝ることにした。
ベッドに入って寝る前に思う。パンデミックで、ロックダウンもあったせいか、今まで外に出る機会が極端に減った生活をしていたからか？
環境が一気に変わったと感じた。来週からは毎日、お店を開ける生活になる。

それは、ラジオの周波数が変わったような感覚で、今までの人生の路線を変更したように感じた。

そして、目が覚めたら、もう朝だった。早い。一瞬で夜から朝に変化した。

コーヒーが飲みたい、コーヒーを淹れよう！

# 9　流れの変化

忙しい毎日を送っていた。長年、事務職の仕事をしていたので、慣れなかった飲食業の仕事も慣れてきた。最初は、客足がまばらだったが、ありがたいことに、一度来ていただいたお客さんに気に入ってもらい、段々とリピート客が増えてきた。

毎日来てくださるお客さんもいて、軽食メニューは飽きないだろうか？　と気になる。

今から思うと、お店を始めた頃は、少人数のお客さんが来てくれて、とても助かった。初日から大入りだとパニックになっていたかもしれないと想像できる。

徐々にお客さんも増えて、私もお店の仕事に慣れてきた。

私のペースで進めることができて、神様に見守られているんだと感じる。

改めて神様に「ありがとうございます！」と、感謝した。

お昼の時間に来てくださるお客さんが、次第に多くなり、お店の仕事がひとりでは、出来なくなってきた。忙しくなるランチの時間に誰か手伝いに来てもらうことにした。私が食事を作り、手伝ってもらう人には、お客さんの案内や、来客リストに連絡先を書いてもらうことをお願いすることにした。

衛生局からの指示で、お客さんに、店に来た日にちと時間、そして連絡先を書いてもらうことが営業義務になっていた。来客された誰かが感染症を発症した場合、その同じ時間帯に来ていたお客さんに連絡しないといけないのだ。

そのほか、店内に入る前に入り口で手を消毒してもらい、店内に入ってもらうこと。食べる時にマスクを外しても良いことになっていた。

ランチの時間が慌ただしく過ぎ、私は15時ごろにお昼を食べ、店の中から見える外の様子を見て楽しんだ。このまま少しずつ、お客さんが増えてくれると嬉しいと期待しながら、半開きになった窓から見える外の光景を見て、夏から秋へと季節が変わる風を感じた。店内に飾った鬼灯の赤オレンジ色が一層、季節を感じさせてくれていた。

ふと気づく。

「どうしたんだろう？」自転車で、この通りを走る人が、だんだんと少なくなってきている気がした。おひさまの出ている時間が短くなったから？　それとも気のせいだろうか？

一瞬、歯車が少しズレる音が聞こえたような気がした。


後でニュースを見て知ったのだ。今まで忙しさで気づかなかったが、予想を遥かに上回る速さで感染症がみるみるうちに広がっていた。


隣のレストランの店主、ポールが難しい顔をしていた。

「調子はどう？　開店日のパーティーは、多くの人々で、大賑わいしていたよね！」と、私はポールに聞くと、彼はイライラした低い声で「客があまり来ない！」と言って、彼の店の中に入って行った。


私は、ポールの後について行き、店の中に入ると、彼に引き続き聞いてみた。

「開店したばかりでしょ、最初はそうじゃない？」と、私が話している途中で、

「バカを言うんじゃない！　俺は何十年もこの業界で働いているんだ！　みんな、怖いん

だよ！　感染するんじゃないかって！　だから客が来ない！」とポールが言って、彼は奥へ引っ込んでしまった。

自分の店に急いで戻り、ネットニュースを見て確かめる。感染者数が一気に3倍になっていた。この調子だと、一気にロックダウンになりそうだ。店は開けられるのだろうか？　と不安で嫌な予感がした。

そして政府から指示が出た。スーパーはそのまま営業。飲食業はテイクアウトのみ営業可能ということになった。テイクアウト用の容器を大急ぎで買いに行った。メニューは何にしよう？　と、考えていたら、チラリと動く気配を感じる。

ポールがイライラした顔でウロウロと辺りを行ったり来たりしていた。私も気分が落ち着かない。気分を変えたい！　自分が落ち着いていない時は、お客さんが来なかった経験をいっぱいした。気分を変えたい！！

明るい空気にしたいと思って、好きな音楽を聴いた。心が和む。掃除もしてみよう。倉庫に行って商品の在庫の数量を確認しよう。私は2階にある倉庫まで階段で上がった。その倉庫の横が広間で、その広間の真向かいに小部屋がある。

所有者はポールだが、この広間と小部屋は、予定が入っていなければ、イベントなどで利用して良いことになっていた。

広間は昔、地位のある人たちが集まる会議室のような部屋になっていて、美術館に飾られているような昔の暖炉があった。

天井には、大きな社交ダンス場に飾られているような豪華な気品のあるランプが吊るされていた。そして壁には創立者と、横には女性の肖像画が飾られていた。

初めてこの広間に入った時に、ポールはその女性は彼の妻だと言っていたが、その肖像画の前に立ち、眺めていると、その女性は創立者の娘だと感じた。

その女性が身につけていた宝石が美しく、本当に光っているように感じた。

そのまた向かいに小部屋がある。床は大理石。暖炉があり、横の壁にはバロック様式で月と太陽が彫刻されていた。この小部屋で、創立者がチェスでもしていたかのように感じた。感染症が収まったら、この小部屋で、イベントやセッションをして、人々が集まって、賑わったらいいなぁと期待をしていた。

商品を片付けながら数量を確認した。作業が終わり、広間を見てびっくりした。今までなかった、天井についてしまうほどの大きな、どっしりした鏡が広間の入口の反対側正面に置いてあったのだ。私は腕を組んで、その鏡を見ながら「う〜ん、良くないかもね」と思った瞬間、低い声が聞こえた。

「この鏡の置き場所は縁起が悪い！！」と。

私は「誰かが怒っている！？　気のせい？」と思った。

その瞬間「誰かいる？」と、違う高い声が下から聞こえてきた。人間の声だった。私は「は〜い、今、行きます！」と下に向かって大声で言いながら大急ぎで階段を降りて店に向かった。

店に戻ると、お客さんが商品を買ってくれた。「美味しかったから！」と、嬉しそうに商品を手に持って帰っていった。地元に住んでいる人から日本の味を美味しいと思ってもらえるなんて嬉しいと思う。

次に、若いカップルが来て、和菓子を買って帰っていった。この和菓子は、ここに住んでいる日本人女性の手作りのものだ。無農薬でやさしい自慢の味だ。いつも緑茶とセットで買って帰る人が多い。なんだかんだと、それからお客さんが来てくれて時間が過ぎた。

外が暗くなった頃に、お店の片付けをしていると、向こうの奥のテーブル席の右の角の隅に立っている人がいた。

その人は男性で、羊飼いのような大きな黒い帽子をかぶり、黒いマントを着ていた。その男性は、何も言わず、じ~っと私の方を見ていた。

私は最初、暗くて良く見えなかった。外を見ると、いつのまにか雨が降っていた。

お客さんか。

誰かが立っているのかと思ったが、「あ！」と、気づいた。

この人は、広間に飾ってあった肖像画の！　この建物を建てた創立者だ！　と分かった。

「何か言いたいことがあるの？」と声を出して聞いてみたが、じっと私の方を見て立っているだけだった。

「何も私に伝えたいことがないなら、いいか！」と、心の中で思いながら、私は後片付けをそのまま続けた。私は疲れていたので、店の片付けを早く終えて、サッサと帰りたかったのだ。

店内の片付けが終わり、気がついたら、その黒マントのおじさまは消えていた。

私はそのことよりも、お腹が空いていた。「早く帰ろう〜！」と思い自宅に向かった。ピーターは相変わらず、忙しく出張中。今晩は家にいない。

外は小雨が降っていた。辺りは暗い。大通りに出るまでは、真っ暗な道だ。

ランプに照らされているヨーロッパらしい素敵な教会を眺めながら歩いた。

小雨だったが冷たい空気で雨が冷たく感じる。「暖かい家に帰って、赤ワインを飲んで早く寝よう！」と、思いながら、明るい大通りに出てバスに乗った。

次の日の朝、太陽がまぶしく輝いていた。

朝早い時間に、今日のランチの食材を買って店に行く途中、周りの風景を見た。

湖が見えて、とても美しい。湖はうっすらと霧に囲まれていたが、湖の水が微かに波打って、ダイヤモンドのようにキラキラしていた。その湖の奥に広がる景色は、大きな山とお城だ。

周りの木々の葉っぱが、緑から黄色と茶色に変化して、太陽がそれらの葉を照らしていた。町は、黄色と茶色で強調されていた。空気は澄んでいて、清々しい気分になった。「早くマスクなしで、歩ける日が来れば良いな」と思った。


店の準備をするも、昨日のあの黒のマントのおじさまのことが急に気になった。

「本当かな？　昨日の晩は暗くてはっきり見えなかったんだけど？」と思った。

開店時間が来て、バタバタと忙しい時間が過ぎた。店を開けているけれど、店の周りの人通りが一段と少なくなってきているように感じる。

その日の夜は、黒マントのおじさまは姿を現さず、何事もなく店を閉めて帰宅した。


次の日、必要な食材を買い、店の冷蔵庫に食べ物を入れて、ふと奥の右角を見てみると、黒のマントのおじさまが立っていた。

「あの鏡をなんとかしろ！　主人はこの私だ！」と私に話しかけてきた！

その日は「あの鏡をなんとかしろ！」と、何度も聞こえてきた。

しかし、勝手に鏡を動かすことはできない。
「ポールにどう言えば良いかな？　絶対おかしい人と思われるよね？　でも、あの黒マントのおじさまは、私がポールに伝えるまで、私に言ってくるよね」と思いながらその日は帰宅した。

次の日、お店で仕事をしていると、黒マントのおじさまの姿は見えないが、言葉が私の中に入ってくる。「どうして、思ったことを言わないんだ！　どうして感じたことを人に言わない？　早く鏡をどけてくれ！　ボスは、私ひとりで十分だ！」と怒りの感情が私の中にも入ってくる。

私は勇気を出して「ポールに言わないといけない時が来た」と思った。
「何を思われてもイイヤ！　言っちゃおう～！　あの黒マントのおじさまは怒っている。あの鏡が移動されるまで、私に伝えてくるだろう！」と思った。

ポールが店に来た。私はすぐにポールに近づいて行き「鏡の位置が良くないから移動した方がいい」と伝えた。

彼は、え！　という感じもなく、すんなり、「どこに鏡を移動させたら良いか教えてくれるかい？　店の準備もあるので、今すぐに移動させよう！」と言った。

彼はすぐに承知してくれた。「私のことをどう思ったか知らないけれど、言ってみるもんだな！」と思い、開き直った。

鏡が大きくて、とても重たい。ポールは、店のコックを呼んで、ふたりで大きな鏡を移動させようとした。

ところが、置く場所を変えようとしたが、鏡が大きすぎて肖像画の真正面にしか置く所がなかった。

私は「この鏡を部屋から出して！」と言ったが、他に置く場所もなく。

とりあえず肖像画の真正面に置くことになった。

「2週間後には鏡の置き場所をきちんと決めて移動する」と、ポールが言ったので、私は、ポールとコックさんに「ありがとう！」と言い、彼らは店に戻っていった。

そして、私はその絵の黒マントのおじさまとお嬢様にお辞儀をして仕事に戻った。

店内に戻ったら、友達がふたりで来てくれていた。親しい友達はお弁当を注文してくれて「家で一緒に食べるのよ！」と言って、仲良く帰っていった。

私は「来てくれて、嬉しい！」と感じた。ゆっくり話をしたかったが時間がなかった。


その夜、携帯電話を見ると、珍しく知人から連絡が来ていた。

私が日本に住んでいる時に友達の紹介で、その人と知り合った。優しい人だ。

「どうしたんだろう？」と、オンラインで連絡をした。

動画で久しぶりに彼の顔を見ると、雰囲気がとても柔らかくなっていた。

彼の話から、彼は最近目覚めて、占いやタロットカードをしているということを聞いた。

意外だった。なぜなら、以前の彼は普通のサラリーマンで、そんなふうに変身して、転職をするなんて思ってもみなかったからだ。


そこで、例の黒マントのおじさまのことを話すと、彼は急に体をのけぞって「わー！」と声をあげた。そして「今、ここに僕の部屋に来てるで！」と言ったのだ。彼の興奮している姿を見て「彼は見えているんだ！　なら話は早い！」と私は思い安心し、続けて黒マントのおじさまについて話をした。

「マントのおじさん、めちゃ怒ってんで！」「なんで自分の顔を自分で見ないといけないんだ！　この無礼者！　なんとかしろ！　と言うてはる！」と彼は言って、自分の頭の上を指差して私に見せてくれた。

画面の向こうから怒った顔がバッチリ見えたのは、これが初めての経験だった。ガラスのような透き通った顔で、毛はなかったが眉と目尻が上がり、その顔はとても怒っていた。

私は画面に向かって「イヤ〜、ちょっとの辛抱です！　私はポールに伝えたので、2週間後には、ポールが鏡を動かすことになっています！」と、怒っている顔にお話しをした。

そして「このおじさまに線香は効くのだろうか？　わからんけど、線香をあげておこう！」と、ふたりで話をした。話をしていると彼のボーイフレンドも帰ってきたので「ありがとうね！　またね！」と言ってオンラインを切ったあと、寝ることにした。

明日は、お休みの日。ピーターも出張から帰ってくる！！

美味しいお肉を一緒に食べられるかな〜（笑）。

食いしん坊の私は、美味しい食べ物を想像しながらウキウキして寝た。

そう、私は何年か前に、いや、何十年か前に、バチカンに行った時に、とても上品な肖像画のご婦人から、お声をかけていただいて以来、肖像画の人から話しかけられることが時々ある。不思議なことを経験したからなのか、わからないけれど、肖像画は、私にとってヤバイのである。

古いお城に行くと、地位の高かった方の肖像画に、時々話しかけられることがあるので、なんとなくお城や美術館に行く時は、気をつけていた。

その体験をする前から、時々見えちゃったり、感じていたりしたことはあったが、毎日のように不思議なことは起こらなかったので、さほど気にしていなかった。

生きている私は、美味しい食べ物に興味があるのだ！

# 10　不思議

冬に向かっているのだろう、朝はまだ夜なのかと思ってしまうほど空が暗い。

夕方がなくて、夜が一気に早く来る、というような感じだ。


そんな中、政府からのニュースで伝達事項が国民に伝えられた。

内容は、感染症がどんどん広がっていて、このままでは病院のベッド数が不足。

病院の機能がストップしてしまわないように、引き続き対策を強化するとのことだった。

経済のためにも、ロックダウンをなるべく避ける対策が行われた。

企業には、ホームオフィスの導入強化の勧めが出された。

飲食業には引き続き、営業はテイクアウトのみ営業可能だが、イベント中止。

食料品店やスーパーは、そのまま営業可能。外出時はマスクをする。ということだった。

ポールは、政府からの決定事項が伝達される前から、私の店の中に入って来て、落ち着きを取り戻そうと、店の中をうろうろしていた。

政府の伝達事項を、彼と一緒に聞いた。「これから稼ぎ時なのに、くそっ！　クリスマスや企業の忘年会の予約が入っているのを、全部キャンセルしないといけないのか！」とポールはブツブツ言いながら自分の店に戻って行った。

軽食販売の他に、食品販売をしていたので、クリスマスプレゼントに、お醤油や、だし、香辛料商品が売れてくれることを期待したが、私はなんとなくこうなるのではないかと予感していた。私の気持ちが落ちると福はやって来ないと。気持ちを切り替えた。

幸運を引き寄せるために、ノリノリの音楽を聴いて踊りながら、鼻歌でリズムをとる。店の準備を済ませ、時計を見るとお昼時になっていた。

すると、数人のお客さんが店に入って来て「普段は、ホームオフィスをしているけれど、会社で打ち合わせがあって、どこにも食べる所がなくて」と言いながら、お弁当を買って行った。

次に、どこから、どうやって来たのかわからないが、観光客らしい人が数人来て、キツネうどんやお弁当を買って店の外に出て、小雨の中、食べていた。

かわいそうに外は寒い。中に入れてあげたい気持ちになる。しかし衛生局の人に、店内に客がいるのを見られたら罰金だ。外で食べているお客さんに、簡易テーブルと椅子を、運んで持って行った。

この周辺は、観光の町でもあるが、古い建物のなかに数社オフィスも入っている場所だ。だが、大きなレストランや、ホテルのレストランは全部閉まっていて、テイクアウトをしているお店は数件だった。なので、お弁当を買いに時々お客さんが店に来てくれていた。

お昼の時間が過ぎて、片付けをして一段落し、お店を手伝ってくれているドリスと一緒に遅い昼食を食べようと、用意をしていた時だった。

女性がお店に入って来た。その女性は店内を見て私に「仕事を探しています。働けないですか?」と聞いてきた。

私は、その女性に「申し訳ないですが、今、予定はありません」と、話をしている時だった。

その女性は私の額を、じ～っと見ていたので、私はすごく気になって、自分の額に手を当てた。その瞬間。

その女性が私に「あなたの額に文字が浮いている！　文字が浮いている！　私には見える！　あなたが良ければ、額に浮いているメッセージを伝えますよ！」と言ってきた。「そ、そんな！　急に言われても！」と、私はその女性に言った。

有名な映画。『ロード・オブ・ザ・リング』の映画で出てくる、あのリングに書いてある文字が光って浮いて見えるかのように。私の額に文字が浮いて、見えるのだろうか？と一瞬想像した。

私のそばで聞いていたドリスが、「ヒイェ～！　あなたは、誰なんですか？　コワ～イ」と悲鳴をあげたのだ！

私は大騒ぎになるのは好きではない。この状態をなんとかしたいと思ったので、私の横でパニクって、ビビっているドリスを横目に、「そうですか。今、時間がないので、またの機会に。ご来店いただきありがとうございました！」と、私は女性に言った。

するとその女性は無言で、背中をくるりと向け、店のドアを開けて、スタスタと帰って行った。

「ああっ〜。びっくりしましたねぇ！」と、私の隣で、ドリスは興奮して、ドキドキしていた。

私は心の中で「私の方がびっくりした！」と思ったが、気を取り直して遅いお昼ご飯をふたりで食べることにした。

「あれは、なんだったんですかね？　怖いわ〜。あれ絶対嘘ですよ！　初対面の人に、急にそんなこと言いませんよね？　見える！　って。なんなんですか？　この場所に幽霊がいるんですかね？」とドリスは食べながら、さっきの出来事を興奮して話を続けていた。

「なに？　さっきの女性。怖い〜！」と、ドリスが連発して言い続けているのを聞きながら、私は心の中で思う。

「あなた知らないの？　本当に、この場所に幽霊はいるのよ。でも1番怖いのは、生きている人間なのよ〜！」と思いながら、笑いそうになって、飲んでいるお茶を喉に詰まらせた。

その夜、ピーターに、その日あった出来事を伝えると、彼は「あれ？？　言っていなかったっけ？」というような仕草を私に見せながら話し出した。

「以前、僕が店を手伝っただろう、1人の女性客がお会計をしにレジの前に立っている時、僕にこう言ったんだ！」とピーターは話し始めた。

その女性はこう言ったそうだ。

「いや実はね。この店に入るつもりじゃなかったのだけど。入れって！　声が聞こえたような気がして、このお店に入ったのよ。不思議でしょ！　いや、ごめんなさい、聞こえたような気がして。でも当たっていた！　美味しかったわよ！　また来ます！」

そう言うと、その女性は、満足そうに店を出ていったらしい。

ピーターが話をしたその女性は、お婆さんで、髪の毛は白くて、地元の方言で話をしていたそうだ。

私が今日、会った女性は中年女性で髪の色が黒だった。なので、同じ人ではないことがわかった。

「こんなことって、あるんだね！」と私が彼に言うと「僕は、よくわからないけど、君といると不思議なことが時々起こるから、僕は慣れたけどね！」と、ピーターは私に言いながら寝室に行ってしまった。

こんなことが連続すると「こんなことがあるんだ！」と、さすがの私も不思議に感じた。やはり「あの場所に何かあるのかな？」と思う。

寝る前の歯磨きをしながら、「気になるから、明日は教会に行ってお店に行こう！」と決めた。

そう決めたら明日は早く起きないとね！　と思い、眠った。

# 11 どうにもできない流れ

川の流れのようにサラサラと日々が流れていく。夜空の暗い空間に、クリスマスのデコレーションの光が美しく輝く。

町を見ると、クリスマスデコレーションが、至る所に飾られていた。

人通りがないと、自分だけのために、綺麗なキラキラしたデコレーションを飾ってくれているかのように思えた。トクをしたような気がした。

マフラーを首にぎゅっと寄せ、歩く速さを早めたら、冷たい空気が自分の頬をかする。

今日は、夜にお店に行き、店内の飾り付けを変えてみることにした。

外は寒いので、店内には、暖かな色の緑、赤、ピンク、ゴールドの鳥たちを飾り、各テーブルに、ゴールドと白のキャンドルを置いた。

赤いポインセチアの花をカウンターのテーブルの上に置くと、店内は一気に華やかになった。

大好きな赤い招き猫を戸棚の1番高い位置に置いてみた。その赤猫ちゃんは、店内の見張り番のようになっていた。

「これでよし！」店内の雰囲気を確認した。


政府からの通達で、来週から店内の飲食は、客席の間隔を十分に空けてなら夜の8時まで営業して良いことになっていた。

準備が完了。帰ろうと店の鍵をかけていると、向こうから私の方へ歩いてくる人がいる。

誰だろう？　と思ったら、いつも店に来てくれている背の高いハンサムな男性のお客さんだった。


彼は「来週の金曜日の夕方に予約を入れて欲しい」と言って、帰って行った。

彼が店に来る時の服装は、いつもスーツだったのに、今日は建築現場で働くような服装をしていた。そのことが、ふと気になった。


今日は近くの教会に行ってから、帰宅したいと思っていた。店から5分ほど歩いた所にある教会に早足で行き、扉をゆっくり開けると、聖堂内が見えた。

教会の中は、キャンドルとお花で華やかに飾られていた。静かに椅子に座り目を閉じる。気が落ち着くと、私の1番のお気に入りの天使の像を見て、数分見惚れていた。

その天使は木彫りで、柱のようになっていた。重いものを支えているポーズになっている。重そうだが、その天使の顔は満面の微笑みを浮かべていた。

とても素敵な天使を見つけて以来、店に来る時は必ずこの教会を訪れた。

私はその笑顔の天使に癒された。

家の帰り道、大通りに出るまで、歩いているのは、私ひとりだけだった。歩きながら「明日は、お客さんが来てくれるのだろうか？」と思いながらバスに乗った。

バスの中から、クリスマス前のきらびやかな町の風景を楽しんだ。

それから日々、だんだんと人通りが少なくなっていった。

「みんな家から出ない状態なのだろうか？　事務職の人は、ホームオフィスで働いているしな」と、店の中で思いながらボーッとしていると。

「急募ないですか？」という人が何人か訪ねてきた。私は丁寧にお断りした。

お茶を淹れ、あんぱんをパクパク食べていると、クリスマスプレゼントを買いに来るお客さんが次々に来てバタバタした。商品にラッピングをして、商品を渡す。お客さんにお釣りを渡した時、突然「あの声」が聞こえてきた！

「一通り経験しただろう、次！」と！　確かにはっきりと右耳から聞こえた！

「え！　ええ〜！　次って？　店を閉店するってこと？　次って？」

意味がわからないまま、平静を保ちながら、お客さんを見送った。

店内に誰もいなくなった時、窓から外を見ると人通りが誰もいない。客数も日々減少していた。「しかし、どういうこと〜??　聞こえたよね、確かに、次！　って、聞こえたよね。どういう意味なのだろうか??」と思い返していたら、ポールが来て「明日、話をしたいことがあるから時間を空けてくれないか？」と言ってきた。なんだろうか？

次の日、ポールに、呼ばれて話を聞いてびっくりした！

自分の目が飛び出るんじゃないかと思うぐらい、大きく自分の目が見開いたのを感じた。

ポールが店を閉店したいと言ってきた！


「えええ？？」

先日、確かに聞いたあの声は「こうなるよ！」という予告だったのだろうか？

こんな状態なのに賃料は下がらない。赤字が増えるだけなので、この店を知人に売りたいということだった。

私と彼との契約は5年間の契約だったが、彼の都合で店を閉めるので、私が閉店を決めても、店を続けても良いとのこと。しかし家賃が上がるだろうということだった。

その夜、ピーターに、そのことを伝えた。ふたりの間に沈黙が続いた。

2週間以内に、ポールに返事をすることになっていた。

とりあえず寝ることにした。


翌日、お昼過ぎの時間に、店内の掃除をしながら、続けるかどうかを考えていた。掃除をしていたら、ポールの店からQueenの『We Will Rock You!』のソングが聞こえてきた。ディスコ場みたいに音量が大きい。

ダンダン、ダン！　ダンダン、ダン！　戦う前のようなテンポの音。

その音に合わせて数本の空瓶を、業者用の空瓶用コンテナに放り投げている音がした。ポールおじさんは荒れていた。

まぁ、気持ちはわからなくもないが、荒れた空気が漂う。

その荒れたエネルギーに足を引っ張られないようにしないとねと思った。

今、ポールにしっかりと前向きでいて欲しいと思う。


このお店の上は、マンションになっている。「あんなに大きく音を出して大丈夫なのだろうか？」と、思っていたら、上の階に住んでいる人が、店の中に入っていくのが見えた。

そして「音のボリュームを下げてほしい」と言う声が聞こえてきた。そして音は止まった！

良かった～！！

私は気を取り直して、店内の掃除を終えると、夕方になっていた。

そろそろ、あの背の高いハンサムなお客さんが来る！

今日は、あのお兄さんが予約をした日。予約リストを見ると、名前がマイクと書いてある。予約人数は２人。メニューはおまかせになっていた。

以前にマイクと、彼女が楽しそうに鍋焼きうどんを食べていたのを思い出したので、メニューは鍋焼きにした。

ロマンチックな音楽にしよう！　そしてキャンドルに火をつけ、準備を始めた！

「デザートのお皿はバラの絵柄付きのが、いいかなぁ？」と、アレコレ想像しながらウキウキ楽しんでいた。するとと、彼女がマイクより先に来た！

私は「こんにちは！　いらっしゃい」と、言いながら彼女の名前を聞いた。

彼女の名前はアンドレア。服装は薄いピンク色のワンピースで、袖には白いレースがついていた。髪はショートなので、パッと見た感じは甘すぎず、バランスが取れていた。

アンドレアは何も飲まず、窓から外を眺めながらマイクが来るのを待っていた。

すると、少し遅れてマイクが店内に入って来た。彼は彼女に「遅れてすまない。工事が遅れて、服を着替える時間が無かった」と伝えると、マイクは私に、スパークリング酒と、前菜に、たこ焼きを注文した。

準備ができて、飲み物と食べ物を運んだ。ふたりの間に、たこ焼きを置いた。アンドレアとマイクは、グラスをチーン！　と重ねて乾杯していた。素敵なカップル！　と思うと、私の心もハート型になった。

店内はロマンチックなふたりと、お邪魔な私の3人だけになっていた。ふたりの話を聞かないように、カウンターの後ろに身を隠すように背を向けて座って本を読んでいた。ハートのふたりは終始クスクス笑っていた。

次に鍋焼きを運ぶと、ふたりは目をキラキラさせて、私に「ありがとう！」と言ってくれた。私がカウンターに戻ると、マイクが私に話しかけてくれた。

「実はね。僕は数週間前まで、旅行会社を経営していたんだ。数回、お客さんを連れて日本に行ったことがある。東京、京都、大阪！　食べ物も美味しい。おもてなしが素晴らしい国だ！　感染症の影響で、僕の会社を清算したんだ。今は違う仕事をしているけどね。楽しい思い出だ！　いつか日本へもう一度行ってみたいよ！」と、マイクは言いながら、お箸をうまく使いながらうどんをすすった。

アンドレアは、それを見てクスッと笑い「熱いからね！」と言い、マイクは笑顔でうなずいていた。彼はオレンジ色の建築工事で働くような服装で、うどんを食べていた。

「そうだったんですね」と私は言い、ふたりの邪魔をしないように、カウンターの後ろで椅子に座り身を隠した。「そうだったんだ」と思うと、本に集中できなくなった。

ふたりの話を聞かないようにしていたが、話が聞こえてきた。

一緒に住んでいたマンションを片付け、アンドレアが鍵を管理人に渡した、と聞こえてきた。以前は一緒に住んでいたが、現在は一緒に住んでいないと察する。

ふたりの笑い声がなんとも切なく聞こえた。

マイクは、いつも店に来てくれていた。急に、素敵なふたりに、プレゼントしたくなった。そうだ！　デザートは、より豪華にしよう！！

アフタヌーンティーみたいに皿を3段にした。

1番下のお皿に、どら焼きを半分にカットしたのを上下に重ねた。その横にスライスした柿の果物を横に置き、抹茶とゴールドの粉をかけた。

2段目のお皿には、小さなクレープに、バナナ。その上からホットチョコレートをかけ、ミントを添えた。

3段目の1番上のお皿には、ゴルフ玉大のバニラとラム酒、コーヒー味のアイスクリームを、お皿にのせて、赤い果物をのせた。


そのデザートを良いタイミングで持っていくと、ふたりは、びっくりして、とても喜んでくれた。話を聞くと、今晩はふたりの最後のお食事らしい。

デザートを見て喜んでいるふたりの姿を見て、私の切ない感情が少し和らいだ。

辛いのはあのカップルなんだ。

私は楽しそうにしているふたりを見て、少し救われた気持ちになった。

気がつくと、夜の8時前になっていた。閉店の時間だ。

ふたりは「今まで、本当にありがとう！」と言いあい、ハグをした。

続いて、アンドレアが笑顔で私にお礼と「さようなら！」を言って、マイクより先に店を出て行った。

マイクは私に「今夜は、本当にありがとう！　僕は今、全てを失って、これからどうなるのかわからない状態だ。彼女には幸せになってもらいたい！　良い思い出になったよ！」と言い、会計を済ませて笑顔で店を出て行った。

私も店を出た。

無感情でテーブルにある食器を片付けていく。店内を綺麗に片付けた後、照明を消して

外の空気が冷たい。どうにもできない時があるけれど、あのふたりの幸せを心から、ただ祈った。

そして私は、お腹が空いたのでカバンの中から、おにぎりを取り出し、そのおにぎりを食べながらバス停まで歩く。

今日は、ピーターは海外出張で家にいない。おにぎりの中に入っていた梅干しが、よっぽどすっぱかったのか、なんだか急に涙が出てきた。

涙の一粒が目から落ちて頬を伝い、下に線を描きながら落ちた。

急に寂しい気持ちになった。

家に着いて玄関のドアを開けると、すぐに照明をつけた。すると、ホッとした気分になった。今夜は美味しいチョコレートを食べて、ウイスキーを少し飲んで、久しぶりに本を読んでみようと思う。

歯を磨いて、ベッドに入り、本を手に取る。先ほど飲んだウイスキーの酔いが回ったのか、私は本を手にしながら、いつの間にか寝てしまっていた。

# 12 時が止まった。内観

日々が過ぎ、今日はポールに店を続けるかどうか返事をすることになっていた。

私はピーターと、すでに話し合いが済んでいたので、後は、ポールに私たちの結論を伝えるだけになっていた。

私がレストランの中に入ると、ポールは私の顔を見て「やぁ来たね！　まあ、ここに座って」と私にエスプレッソを運んでくれた。


そして私は、ポールに閉店することを伝えた。

「そうか、わかった」と、ポールはそう言って、うなずいた。

それから、ポールと今後の予定を話し合い、店の閉店は1ヶ月後となった。

最後まで頑張ろうと思う。話を終えて店に戻り、ドリスに閉店することを伝えた。

ドリスは、はじめびっくりしたが「とても残念です！」と言い、閉店日まで働いてくれることを承知してくれた。

店内に、閉店のお知らせの貼り紙をすると、なんだか変な気持ちだけれど、言葉にして決断を伝えたせいか「あと1ヶ月、頑張るぞ！」と。心がスッキリして、気持ちが引き締まったように感じた。

確かに、初夏は、感染者がかなり減っていた状態だった。

お店をオープンすると決めた時は、徐々に、おさまっていくだろうと思っていたが、今の状態から私は「この感染症が収まり落ち着くのは、約1年ぐらい先になるだろう」と予想した。

ポールに言わなかったが「この感染症が落ち着いたらまた、どこかで店を再オープンすればいい」と思っていた。なので、ポールに「テーブルや椅子など売ってくれないか？」と聞かれたが、私は「必要になるかもしれないので」と断った。まあ、様子を見てみようと思った。

その1ヶ月後、お店の最終日が来た！

お昼の時間になると、いつも来てくれているお客さんで、店はいっぱいになった。

来ていただいた皆さんにお礼を言うと、ほとんどの人から「再オープンしたら連絡して欲しい」と名刺や連絡先を書いたメモをいただいた。

ありがたいと思った。14時過ぎにお客さんが帰った後、私はドリスに「本当にありがとう！　落ち着いたら連絡するので、また会いましょう！」とお礼を言った。

ドリスは「寂しくなります！」と言って帰って行った。


今日中に、残りの荷物を箱詰めしてしまいたいと思う。

明日はピーターがトラックを借りて、店に来てくれることになっていた。


翌日、ピーターと、全ての荷物をトラックに運び入れた。改めて店内を見る。

ガラ〜ンとしていた。まるで、開店前のようだと思った。

ふと中央にあるバーテーブルを見てびっくりした！！

さっきまで、綺麗に咲いていた蘭の花と葉っぱの全部がテーブルの上に、バサッと落ちていた。「数分前まで、綺麗に咲いていた蘭の花も葉も、どうしたんだろう？　こんなことってあるんだ！」と思いながら「お世話になりました。ありがとうございました！」と、私は、店内に向かって大きな声を出して感謝を伝えた。

ピーターと一緒にトラックに乗って帰る。外は小雨が降っていた。外は寒い。手が冷たく感じた。早く家に帰りたいと思った。トラックのエンジンがかかり、家に向かって動き出した。

翌日、ピーターと私は、家で体を休めた。夜中、雨が降っていたのだろう。外を見ると、木々と道路が濡れていた。

重たい荷物を持ったりしたので、腕と足が筋肉痛だ。奥の部屋を見ると、処理しないといけない伝票が小山になっているのが見えた。

気になったが、見ないようにして、週末はダラダラと好きな音楽を聴きながらゆっくり過ごした。

そして今日は月曜日。ピーターは仕事に行き、私は小山になっている未処理の伝票の片付けに取りかかった。

販売した商品や飲食によって消費税率が違うので細かい作業だ。確定申告の締め切り日までになんとかしたい。

その日から、毎日伝票を見ながら仕事を進めていった。まるでホームオフィスで仕事をする事務職に転職したように感じた。

窓から見える景色を見ながら時々休憩をした。空が大きいと感じる。

私の好きな山が見えた。自然に囲まれて、とても気持ちがよかった。

日々が過ぎて、小山になっていた書類を片付け、確定申告提出用の書類を作成し、仕事が完了した。

ピーターは、私とは逆に、感染症で世界中が混乱の中、ますます忙しくなり、海外出張が多くなっていた。今はアメリカに出張中だ。

その頃、愛犬ゆきちゃんが家にいてくれたので心強かったが、ひとりで家にこもって、コツコツと処理する仕事がやっと終わり「やったー!」と、すごく解放された気持ちになった。

しばらく、愛犬ゆきちゃんと散歩したりして、時間を楽しみたいと思う。

季節が変わるごとに、木の葉の色が変わり、いろんな色を見せてくれる。

自然の中にいると心が癒された。

その一方で、日々が過ぎていく中「自分はこれからどうすれば良いのか?」「いつになったら、感染症が終わるのだろう?」と不安でいっぱいになっていた。

どんどん日々が過ぎていき、ピーターは相変わらず仕事の出張で家にいないことが多かった。

友達と会って話をしたいが、まだ感染者が多く、気軽に人と会えない状態が続いていた。

私は家の中から自然の景色を見て時間を過ごすことが多くなった。


その頃、私はYouTubeを観ることが多くなった。時間があったので、ほとんどの時間をYouTubeや、プライベートチャンネルのドラマや映画を観て過ごした。

今から思うと、自分の心が不安でいっぱいだったのだと思う。

スピリチュアルチャンネルにとても興味が湧いた。中でも今まで聞いたことがない『宇宙』という言葉を聞いてとても気に入った。


その他に、3択タロットカードチャンネルがあり、それもよく観た。

画面に映っている3択カードの中から、直感で1番気になるカードを選ぶ。

その後、カードリーダーさんが、タロットやオラクルカードを見て、メッセージを伝えるリーディングチャンネルだ。

３択なので、個人向けの占いではないが、カードからのメッセージを聞くと、不思議に心に響いた。話を聞いて「あ、こういう考え方もあるよね」と思えた。

私は、タロットカードはどこか暗いイメージがあると思っていた。

以前は暗い部屋から魔女が出てきそうなイメージを持っていた。

しかし、最近の動画を観てみると「かわいい！」と思えるようなカードや、素敵な絵が描かれてあるカードがたくさんあって、軽い感じで楽しめた。

タロットカードの動画を観ていると、人に会って話を聞いているように感じるのも面白いと思った。動画に夢中になり、自分でカードを引いてみようと思った。

動画を観ていて、気に入ったカードを購入した。自分でもカードを使って楽しんだ。楽しい時間も過ごしたが、なんともいえない不安は、なかなか消えずにいた。

「どうしてこんなに不安な気持ちになるのだろう？」

今回の不安感でモヤモヤした気持ちは、以前に思った感情と、どこか違うようにも思える。

窓から見える景色をボーッと見る。突然、悲しい感情が出てきた。「自分は何だろう？」と思考が止まらなくなる。心が苦しくて、逃げ出したい気持ちになった。

ピーターは、相変わらず仕事が忙しい。彼が家に帰ってきても「なんだか以前とは、違う何か？」を感じていた。「なんだろう？」と気になった。

今なら、その「気になる」理由が何なのかが理解できる。

その当時、私のエネルギーは、私の内側で停滞し、ピーターのエネルギーは、以前と、ほぼ変わりなく循環していた。

私たちのエネルギーが、こんなにも大きく差が激しかったから、違和感を感じたのだ。感染症の状況が収まり、以前のような生活が予想通りに来ると思っていた。

しかし、不安定で今後もどうなっていくのか予想がつかない状況が続いていた。

ニュースで、いろんな人たちが違う意見を言っていた。

家族の中でも、意見が分かれる状態。「いつまで、この状態が続くのだろうか？」と、予想が立たない状況に不安が大きくなっていった。

時が、ピタッと止まってしまったように感じていた中、私に変化が出てきた。

スピリチュアル動画を観すぎたのだろうか？　窓から眺める空や雲から、タロットカードを読み解くように、自然にメッセージが受け取れるようになった。


「何だろう？　宇宙？」


ある日、風に乗って雲の形が変化していくのを見ていると、金髪の白いドレスを着た可愛い少女のイメージが、私の頭に浮かんだ。その金髪の少女は、素足のまま、広大なお花畑の中で花の輪を作っていた。

「どうしてこんなイメージが出てくる？　え!?　これ私???」と思った瞬間、友達から電話がかかってきた。

「今ね、不思議なんだけど、金髪の白いドレスを着た少女が頭に浮かんできたのよ、どうしても、あなただと思ってしまうのだけど、何か知っている??」と友達が、私に言うではないですか??

何だか訳がわからないけれど「不思議だね。こんなことが起こるんだ……」と友達と話をして終わった。

しかし、ますます、『宇宙』について興味を感じるようになった。動画を観て気になった『直感について』や『ライトランゲージ』のセッションを受けてみた。

「宇宙は、いつもあなたの幸せを願っている！」。上手くいかない時は「あなたに合った、より良いことが来るために起きている！」と、セッションで先生が言っていたのを思い出した。

その言葉が気に入って、そう信じたのが良かったと思う。だんだんと心が軽くなり、自分の現実を少しずつ受け止めることができた。

「同じ時間を過ごすなら、ポジティブで、楽しい時間を過ごしたい！」と、思うようになり、心の中の不安がだんだんと小さくなっていった。小さな出来事も、感謝を持って喜べるようになってきた。

ピーターも、落ち込んでいる私を見て、心配だったようだが、前向きになってきている私の変化を感じて「笑顔が戻ってきた！」と喜んでくれた。

# 13

# サイン、アゲイン

すごい勢いで世界的に広がった感染症は、だんだんと落ち着いてきているようだったが、まだまだ油断できない状態が続いていた。

私は、今後の未来がはっきりと見えてこない。この状況に「私の選んだ選択は正しかったのだろうか？」と思う時があった。

しかし、以前に比べると不安感は減少。ずいぶんと前向きに思えるようになってきた。ピーターと楽しい時間を過ごすことが出来るようになっていた。

その日、天気が良くて外に出ると、新鮮な空気がとても気持ちよかった。

「有名なブラックマドンナがあるカトリック修道院に行ってみよう！」ということになり、ふたりで訪れた。ブラックマドンナについて話を聞いてみると「黒いマリア像に、願いを叶えられた！」と、世界中の人々から煌びやかな衣装が寄付として贈られているらしい。

2週間ごとに、黒いマリア像の服装が変わる。


教会の中に入ると、今日の黒いマリア像は、ピンクとゴールドのシルク生地で作られたドレスを着て立っていた。

ふたりで幸せな気持ちで、ここに来られたことに感謝を伝えた。

教会を出て修道院の近くの公園を歩いた。天気が良かったので、テラスでコーヒーを飲み家に帰った。


清々しい気持ちで、時間が過ぎて夜になり、今日は少し早い時間に寝ようということになった。

歯を磨いて寝室に入ると、ピーターは疲れていたのか、もう寝てしまっていた。

「今日はとっても幸せな気分で過ごせたことに、感謝しなくっちゃ！」と思い、布団をかぶって、寝室の入り口の方に目を向けた時だった。

「え！？　あれ？　何なんだろう？」

私は思わず、目をこすって、もう一度、見返してみると。

鳥の頭を持ち、人間の肉体を持った人？　人間？　が、右と左に立っていた。

「何？　なに？？」

もう一度よく見ると、その鳥の顔を持つ人間は、十字架に輪がある物を手にしていた……。


「ファラオ……？　違うよね？？」

「今日は幸せすぎて、疲れたんだろう！（笑）。そうだ！　疲れているから早く寝よ……」

と、目を閉じた。


でも、また気になって見てみると、なにも見えなかった。「やっぱり、錯覚かなぁ」と思った瞬間、また2体の鳥人間が、左右に現れ、その姿はゆっくり消えていった！

「なにあれ……？」とりあえず「寝よ！　早く寝よ！」っと！　そう思いながら、私の隣を見る。

ピーターは、私の右側でスヤスヤ寝ている。心細くなって布団を頭の上までスッポリかぶせて寝ることにした。

今思うと、私はいつの間にか眠ってしまっていたが、体の中で分離した「もうひとりの自分?」が小さく丸まっているような感覚だったと思う。
そのあと、不思議な夢を見た。そして、とても不思議な体験をした。

夢の中で、私は森の中を歩いていた。辺りを見てみると、小人の住むような小さな木の家を見つけた。どうやら、私は友達の家を訪ねているようだった。
その家の扉をノックをすると、私の友達が重たそうな木の扉を開けた。

私は友達に「着いたよ!」と言うと、その友達が私を見て「よくココが、分かったね!!」と不思議に私を見ていた。
私は友達に「大丈夫!! ココに来ることが出来たでしょ! だって、私の神様が導いてくれているから!! 私の神様が見守ってくださっているから大丈夫なの!」と言うとその瞬間、言葉で言い表せないような、大きなエネルギーがグルグル渦を巻いて、私の後頭部から入ってきた!!

その時、私の意識はあったのだと思うけれど、とても大きなエネルギーが、すごい勢いて声も出せず。

でグルグル渦を巻いて後頭部から入って来たので、頭が割れちゃうんじゃないかと、怖く

「どうなっちゃうの……こわい！　怖い！」と目を閉じて、じっとしていた。

動くのが怖くて、じっとしていると、そのエネルギーが後頭部から体の中に入り、ス

ポッ！　と、おへそ（丹田あたり）の中に入ったのだ!!

「私になにが起こったのかわからない」訳が分からなくて汗をかいた。

恐る恐る目を開けた！「なにが私に起こったんだろう??」夢じゃない、確かな感覚

はなんだ？

やっと朝がきて、ピーターに、変なことが起こった事や、夢の内容を簡単に説明した。

するとピーターは、「ファラオっ？　エジプト？　っぽいよね？」と言いながら出勤していった。

ピーターを「いってらっしゃい〜！」と見送った後に急いでパソコンを開いて『グーグル先生』でネット検索してみた。

「鳥の頭をした人間？」「十字架とマル？」鳥の頭をした人間は、『古代エジプト神話に出

てくる神様のトート神』。

手に持っていた十字架にマルがついた物は、『アンク』というものだと分かった！

画像でも確認した。私の前に現れた画像はこれだ！　これだったのか！　と思ったが、パソコンの画面を見ながら「どうして？　エジプト？　トート神？・？」という疑問が新たに出てくる。私の後頭部から、おへそに入ったエネルギーは何なんだ！！　と思う。私は、エジプトに一度も行ったことがない。

私が中学校の時に、プロテスタントの洗礼を受けたが、今は、すごく熱心な信者ではない。「アレは何だったのだろう……」と思いながら数日が過ぎた。

その日以来、あの不思議な体験にどんな意味があるのか気になってインターネットでカチカチ検索を続けていた。

すると「カード、カード」と聞こえてきたので、タロットカードを見に本屋さんに行くことにした。

以前から本屋さんに行くのは大好きで、時間があると何となく、ふらりと本屋の中へ入っていた。

大体、どこにタロットカードが置かれているのか場所は知っていたが、実際に行ってみると、たくさんのタロットやオラクルカードが置かれていた。

いろんな絵柄を見ながら、カードの箱を手に取って、楽しんでいたその時、気になるオラクルカードを見つけた。

そのカードは「いかにも宇宙的」で、「神秘的なイラスト」が描かれていた。

とても美しかった。

「わからないけれど、とにかく購入してみよう！　何かわかるかもしれない！」と思い、気になったオラクルカードを購入して家に帰宅した。

帰宅途中に、携帯電話が鳴ったので、出てみると、友達からの電話だった。

彼女は、散歩の途中で私の家の近所まで来ているとのことだった。

久しぶりに、私の家でお茶しましょう！　ということになったので、急いで家に戻った。

家に戻るとすぐ友達が来た。その友達は、何年も前からスピリチュアルについてよく知っていたので、彼女に私の不思議な体験を打ち明けていた。

とても清々しい天気だったので、バルコニーでコーヒーを飲みながら、楽しい話でケラケラ笑い合った。

いつの間にか空に、グレーの雲が現れた。

友達が「もし良かったらこの本を読んでみて！　あなたの不思議な体験話を聞いて、この本が役に立つかもしれないと思ったの！」と言って、一冊の本を私にくれた！　私は友達に、「何か分かるかもしれない！　ありがとう！　読んでみるね」と、お礼を言い、友達は帰って行った。

友達が帰ったあと、バルコニーで冷えたピンクのロゼを飲みながら、清々しい天候を楽しんだ。今日、ピーターはイタリア出張で家に帰ってこない。

簡単に夕飯を済ませ、ソファーの横のサイドテーブルの上に置かれてあった袋を見て思った。

「そうだった！　友達に、購入したオラクルカードを見せるのを忘れていた！」と思い、袋からカードが入った箱を取り出した。ふたを開け、中のカードを見てみる。それからガイドブックを見て、作者の名前を見て、ホームページを検索してみると、カードの素敵なアートが見られた。

「素敵～」と思いながら、次々にサイトのページを開いていくと、ギャラリーのページいっぱいに、エジプトの写真が、たくさん掲載されていた。

中でも、何枚かの写真が気になる。

そして「えっと。そうだ、友達が私に持ってきてくれた本は、何だったのだろう？」と、袋から取り出してみる。そしたらなんと！　サイトに掲載されていた何枚かの写真と、本の表紙になっていた写真が同じだった！

その写真は、『ハトホルの写真』だった。

こんな偶然があるんだろうか！？

とっさに、心で聞いてみた。「私の中に入ってきたエネルギーは、ハトホルですか？」との問いに、『Hathor，Hathor…Hathor…』と3回聞こえてきた！！

何だか、急に心が満たされて、胸がいっぱいになり、嬉しさと熱い感情が、胸に込み上げてきた。目からボロボロ涙が湧き出るように出てきた。

「こんなことって、あるんだ！　信じられない！」という感情と嬉しさで、再び心が満杯になると、急に今日あった出来事をピーターに伝えたくなった。

ピーターに電話をして、私は子供のように、興奮しながらピーターに出来事を伝えた。

彼は、「うん、うん。家に帰ったらね、落ち着いて聞くよ！」と言っていた。

まだ、彼は話の内容がよくわかっていないようだったが、その時、私もなにが起こっているのか、私自身よくわからない状態だった。

# 14

# 吊るされた女

不思議な体験から数日が過ぎた。いまだ、何が私に起こったのか？　よくわからないでいた。「どうしてエジプトなんだろう？」と思う。

私が小学校6年生を終える頃。友達から「教会に、一緒に行かない？」と、誘われた。それがきっかけで、気軽な気持ちで誘われるまま、教会に行った。

なぜか、すごく牧師さんと聖書のお話に興味があったので、友達と毎週、日曜日に教会に通い始めた。

教会に行ってみると、人々は優しく、とても親切。牧師さんの話に、すごく感動した。

聖書に書かれている言葉に癒され、いつの間にか聖書を読むことが大好きになっていた。

聖書を読んで、好きな言葉や気になった箇所に線を入れ読んでいく。

いつの間にか、私の聖書には、たくさんの線や文字が書かれ、ノートみたいになっていた。

理由はわからないけど、教会の中の神聖な空気が大好きで、牧師さんのお話を聞くと心が満たされた。

その後、私の家族を説得し、洗礼も受けた。

「世の中も、こんなに優しい世界だと良いな！」と感じていたけれど、中学2年生の後半、ひょんなことから運動クラブに入会。クラブ活動に夢中になってしまい、教会に行かなくなったことを思い出した。

あの頃は、若かったのだと思う。私が思うに、教会や聖書の言葉は、心の中の居場所のようなもの。

外の世界（現実世界）との差が大きくて、あの時は、理解しきれなかったのだと思う。「望んでいる世界と全く違うではないか!?」と、疑問が大きくなり「枠から出てみよう！」と感じたことを思い出した。

続けて記憶をたどっていくと、こんなこともあった。

私が25歳の頃。友達とバチカン市国に観光に行った時のこと。

教会の聖堂内へ入ると、ミケランジェロの代表作の十字架から降ろされたキリストを抱く聖母の像『ピエタ』が置かれてあった。それを見てすごく感動したことを思い出した。

聖堂内には、多くの素敵な絵が飾られていた。その素晴らしい、数々の絵や像を見ながらゆっくり歩いていた。その時、突然、

「見るのはいいけど、私は静かなのがいいから、静かに見てね」と聞こえた。

「私の後ろで、誰かが私に話しかけた?」と思い、後ろを振り返ったが、誰もいなかった。

それとも「友達が私に何か話しかけたのかな?」と思ったが、私の周りには、友達も、誰もいなかった。空耳かな? と。くるっと体の向きを変え、通り過ぎた何枚かの絵を見ながら、後戻りして確認した。すると、1枚の絵が気になった。


その絵は、上品な婦人が、大きく胸のあいた高価そうなドレスを着ていた。

婦人の首元には、宝石がついたネックレスをつけていた。

「この、ご婦人??」

その時はただ「空耳かな?」と思ったが、その事があって以来、自画像に話しかけられることが多くなった。

それよりも、びっくりしたことは、その後帰国してすぐに、2回も続けてイタリアとバチカン市国に行くことになったこと。

結果的に、年内に計3回も、同じ場所に、立て続けに行くことになったことは、今も不思議に感じている。

初めて、イタリアとバチカン市国に行き、日本に帰国して数日後、商店街で買い物をした。支払い時に、くじ引き券をもらったので、くじを引いたら、大当たり！！

その大当たり商品はなんと！！　イタリア、バチカン旅行だった。

それから2ヶ月後に、またイタリアに行き、バチカン市国へ行った。

その後、数ヶ月が過ぎた頃。なぜか、仕事とプライベートも含め、イタリアとバチカン市国へ行くことになった。年内に3回も同じ場所に行くことになった。

こんなこともあったよね〜と、そんな経験を思い出した。

しかし「なぜ、エジプト？？？」。

私はまだ、その答えを見つけられずにいた。その「なぜ？」の答えを知りたくて、宇宙についての興味は、どんどん大きくなっていった。

YouTubeで多くの人が「宇宙とは?」とか「お金や幸福の引き寄せ」について語っていた。今まで、経験したことのないパンデミックや、ロックダウンの状況からくる未来への不安感。以前に比べると、幾分心が軽くなったが、この不安感をどうすれば、無くすことが出来るのか?　そして「私に起こったことは何なのか?」が、知りたくてスピリチュアルの動画をよく観た。

今まで知らなかった世界や、人々の話を聞いて感じたのは「この不安な感情を強く感じたのは、私だけではない」ということ。

このパンデミックが10年前なら、多分YouTubeでいろんな動画を観たり、話を聞いたりしていなかったかもしれないと思う。

宇宙は、絶妙なタイミングで私たちを癒し、サポートしてくれているのではないかと思う。スピリチュアルの話の中でも特に、直感と瞑想について興味を持った。

直感は、誰でも持っている。予感や第六感のようなもの。

「なんとなく、こうしたらいいかな?」とか。「どうも嫌な感じがする。今日は、あの道を通るのは、やめておこう」など。思考でなく、感覚的に、心で感じること。

瞑想をすることにより、心が落ち着く。思考から離れることで、直感を得られやすくなる。直感を得られることによって、いろんな気づきや、アイデアが出てくるようになる。瞑想で心に空間を作ることで、ハイヤーセルフからのメッセージを受け取りやすくなる。ハイヤーセルフからのメッセージを受け取りやすくなると、私はひとりではないことに気づいて、自分の心の中に、安心できる場所があると感じるようになる。

直感から行動を起こしやすくなるには、瞑想が良いと聞いた。実際に瞑想をしてみたら、心が落ち着いて、メッセージも得られるようになってきた。YouTubeには、いろんな瞑想動画がある。自分が気に入った瞑想動画で瞑想を試しても良いと思う。自分に合ったものを見つけ、試してみる。個性の時代が来ると強く感じる。

直感を得るために始めた瞑想は、以前に比べると、グルグル考えてしまう思考の渦から解放され、心がとても軽くなったことを実感しました。

そして「自分の知りたいことについてメッセージが届く」ようになってきていると感じます。

自分が知りたいことを天に聞いて良いのです。分かった「ふり」をせず、「分からないです。教えてください！」と、願って良いのです。

繋がっていくと、パイプが少しずつ太くなっていくような感じです。


だんだんと、この感覚は、自分にとって確かなものになっていくでしょう。

瞑想と直感は、私の必要なツール（道具）になりました。

これからも私の自分探しの旅は続きます。

不思議な体験をしてから「自分って？」「私って？」が気になり始めた。その時から少しずつですがいろんなことを試してみた。

自分探しにハマって「どうして自分は、ここにいるのだろう？」という、思いが強くなる。


私は思い出す。

遠い昔、子供の頃、夜中に幾度となく感じた感情。

「自分は、どうしてここにいるのだろう？」というような感情を持ったことを思い出す。

うまく説明できないけれど、もうひとりの自分が、自分を見ているような、切ないような不思議な感情を持ったことを思い出した。

自分が時折感じた、子供の頃の感情。この感情を、上手く説明できなくて、親にも言えないまま時間が過ぎてしまった。

あの頃、多分それが普通だと思っていた。そんな感情を経験した人も、おられるのではないかと思います。

「私って？　この地球で何がしたいのだろうか？」
「何か、自分を知る手掛かりになることは、あるかな？」
そう思い始めた。

自分を知りたいと思ってから内観をした。けれど進めないような感覚。
何かの糸に繋がれていて「自分に繋がれている糸は、どこに辿りつくのだろう？」と思いながら「どうすれば良いのでしょう？」と、女神ハトホルに聞いてみたことがある。

私に届いた女神からのメッセージは「あなたが信じたことなら、私たちはサポートします！」という、メッセージが私に届いた。大きな愛を持つ女神からのメッセージは、私にとって、とても広くて、大きくて、とても深くて、途方に暮れた。

そこで、知識がない私が、あれこれ考えるよりも、専門家に相談してみる方が良いと思いました。「地元でメッセージや、手掛かりを伝えてくださる人がいれば良いな」と思い、調べてみた。専門家を見つけては申し込みをした。

しかし、パンデミックで、イベントや、セッションが次々に中止になった。

それでも、諦めずにメッセージをくださる人を探していたら、あるグループセッションを見つけた。そして申し込み完了。参加することがやっと出来た！

グループセッションが始まる前に個人セッションがあるとのこと。

「やっと、自分のことについて、何か聞けるかも！」と思うと、ご縁をいただいたと思った。期待が膨らんで心がソワソワ、ワクワクしながら、その日が来るのを待ちました！

ウキウキしながら待つ時間は楽しい！

ピーターは、ニヤニヤしている私を見て「何がそんなに嬉しいんだ？」という顔をしているのを見て、笑えた～！

# 15

# ご縁と、ライトワーカーズ

やっと！！　参加出来たグループ名は、ライトワーカーズ。
そこに集まった皆さんは、素敵な個性を持った才能あふれた人達でした。
このコースは、魂の成長について、ビジネスや人間関係のことについてなど。
安心しながら一緒に学んでいく、というもの。
参加した時は『ライトワーカー』という意味も深くわかっていなかったのです。

先生は、日本が大好きでたまらないという方で、とても有名な先生だと聞きました。どんな学びがあるのか興味津々。まずは、その先生の個人セッションを受けました。個人セッションの中で、私について、いろんなお話を伺うことが出来ました。
その中でも、とてもびっくりしたのが、その先生はセッションを始める1時間前に高次元のエネルギーと繋がって、私について、メッセージをダウンロードしておられたことでした。

多くの人を透視され、経験豊富な方でも、真摯な対応をされて、高い意識を持たれていると感じました。それだけでも、深い学びをいただいたと思っています。


そして、偶然にも！　同じタイミングで、私もセッション1時間前に瞑想をしていたことに「シンクロしていた～！！」と、とても嬉しくなりました！

その日は私の誕生日だったこともあり、自分の心を落ち着かせるために、セッションの1時間前に瞑想をしたのです。


意図が違うけれど「同じタイミングで、瞑想をしていたんだ～！！！」と、良いことは素直に有り難く喜んじゃいました！（ふふッ！　なんでも良いことは喜んじゃうんです！）。

個人セッションで、心に残った内容が、いくつかあります。

その中でも気になったことは「とても大きくて、空まで続いているような、天まで届きそうなエネルギーが、私に見える」という、先生からのメッセージでした。

その時はわからなかったのですが、それが何なのか、約1年後にわかったんです。人生って面白いでしょ～！

さて、個人セッションが終わり、サークルセッションが始まった頃から、友達から嬉しいメッセージをもらうことが多くなりました。

良い変化が起きて、気づきを得られる機会が多くなりました。

私は多くのことを学ぶことが出来ました。

純粋で、夢や目的に向かって良い意味で、励ましあうということの大切さを学ぶことができました。私たちは何かのご縁で繋がったのだと思います。

さて、私が経験した嬉しいメッセージや、嬉しい状況って！？

学びは、真っ直ぐではないけれど、所々に気づきのお宝が隠れているという実感を体験したんです。

急に「時間があったら、会いませんか？」と、疎遠になっていた友達や、知人から連絡があり、実際に会うと「悩みを聞いてほしい」と、相談を受けることが多くなりました。

なぜか、会う前日に、その人と話をしている夢を見たり、その人についてのメッセージを受け取ったりしたんです。

夢の中で受け取ったメッセージを伝えると、突然泣きだす人や、悩みがすっきりしましたと、帰っていく人もいました。

私は「あ〜、この人は、悩んでいたのだな」と、後で知ることになるんです。

「私に何が起こっているのだろう？」と思いましたが、とても大切な気づきがありました。

何もわからない私は、夢で見たメッセージを知り合いに伝えることで、とてもビックリさせてしまったことがありました。

私は驚かせるつもりはなくても、結果、伝えることによって怖がらせてしまった経験から「本当に困っている方に、メッセージをください！」と神様にお願いしました。

友達と会う時は、楽しい話をすることも私にとって大切ですから。

私と会う度に「何か言われるんじゃないか？」と、友達に思われるのは、好きではありません。

それは、自分を守るということにも繋がります。私にとって大きな学びの経験になりました。

そうかと思うと、今度は、急にすごくポジティブな人と会う機会が続いたんです。会話も前向きで、楽しいお話をいっぱいしました。その時は、私の心もウキウキです。そのポジティブな人との会話から、自分にとって大切な言葉が、心に残るようになりました！　これも大切な気づきのメッセージだと思います。

よくわからないメッセージの時もありました。分からないことを、たどっていくと、あとで「あ！　だからか！」と腑に落ちることが多くなりました。

もちろん理解できないこともありますが「なぜだ？」と思うことをたどって行き、腑に落ちる。「面白い、ゲームみたい！」と思いました。

幸福感やポジティブの循環はとても大切なのだと実感しました。

心をクリアにすることの大切さも経験から学ぶことが出来ました。

でも、それだけじゃないんです！

私は小さい頃から、神社やお寺、教会に行ったりしていたので、何となく見えない世界があると思っていましたが、「それを説明するとしたら?」と、思っていました。

ある日、瞑想を終えて目を開けると、メッセージが囁くように聞こえました。

天井の左を見てと。

メッセージ通りに上を見ると、白い天井から横の壁に渡って、グレーっぽい黒の影が川の流れのように動いて映っていました。

それは、揺れている木々の影と、その空間を細い線状が、何かの生き物のように、クネクネとうねるように動いている影だったんです。

すると……『これが、風の動きだよ』と、メッセージで教えてくれたのです。

急いで、窓から外を見ると、木々や葉が確かに揺れていましたが、吹いている風の流れの動きは見えませんでした。

目に見えないものの世界を、影を通して教えてくれました。

嬉しくなり、感謝しました。

「そう言われれば、そうだよねっ!!」と、簡単に思うのですが、見慣れた風景は、当たり前すぎて、気づかないことがこの世の中にはいっぱいあるのだと気づかされます。

雲や風、木々や草や花といった自然や、起きている出来事。目に見えている色や形。何気ない会話や本の言葉。音は常に、私たちにメッセージを送ってくれていると感じます。

もちろん、人生の主役は自身ですから、そのメッセージを、受け取ることもできるし、受け取らない選択もできるんだよ！　というメッセージをいただきました！

すごいと思いませんか？　自由なんです。

今の世の中、極端な状況が多いので、初めは簡単ではないかもしれませんが、気づきを得るには、丁寧に生きることが大切なのだと感じます。

自分の時間をとって、内観がとても大切なのだと自然に思えてきます。不思議です。そんな気づきは、自分の身近な人にも伝わっていきます。

知りたいと思っていたことが、相手の言葉から、答えをもらえたりするのです。

身近な相手も言葉などで、気づきを得られることがあると聞きました。

私たちは、思考や思いのエネルギーの影響をとても受けていると感じます。

# 16

# 神の啓示

スピリチュアルの世界に入りたての私でも、直接、高次元と繋がることによって、必要なタイミングで、私にメッセージが来るんです。

情報過多にならず、迷いが少なくなります。すごいと思います！

例えばこんなことを体験したんです。


インターネットで、商品を購入したいなと思い、何気なく検索していた時のこと。突然、私の目の前に、エジプト神のトート神が現れました！

「まただ！？」（今度はそんなに驚かずに、冷静に見られました）。

その時、私はキッチンにいたので、トート神の姿と、その後ろの背景の台所の場所が、何だか合わなくて、急に笑ってしまったのを覚えています。

以前導いてくださる神様に「私は天然なところがあるので、気づかない時がいっぱいあります。お願いです。わかるように教えてくださいい！」と、お願いしたことがあります。

ですから「今、大切なことを伝えるからね！」というサインをいただいているのだと思いました。ありがたいと思いました。

急に、気になったパソコンの画面を見てみると、本の題名がすごく気になって、内容をよく見ずに本を購入しました。

その後、本が届いて読んでみると、ある女性の人生体験と経験から得た気づきの話の本でした。夢やチャネリングで見た古代エジプトの教えが、書かれた本でした。

「え〜、またまた、エジプトだぁ〜！」と思いました。

読み始めてみると、彼女の人生経験と気づきから得た、古代エジプト神の智慧や知識が、とても詳しく書かれてありました。

私にとって心に残るいくつかのメッセージを受け取ることが出来ました。

その本の中で、私が気になった幾つかのメッセージがあります。

・体験と経験したことから何を学ぶかが、とても重要。
・ただ、あなた自身の道を行きなさい。そうすれば、物事は、とてもシンプル。
・人生の道は沢山あって、どれを通っても行き先は同じだということ。
・霊媒の仕事は決して興味半分でやってはいけない。なぜなら本当の自分を見失うことになる。
・人の気を引く意図で、神の力を使うと、自分の人格がわからなくなり、能力を失う。純粋な意図が大事。
・真理を学ぶことを心に決め、調べ、体験を通じて追求していく者は、興味深い真実を見出すことになる。
・理性を軽んじてはいけない。自身の体験を追求するには理性が重要である。
・『何も持たない』という意味を知ってなくてはならない。水や空気、自然は、神からの恵を与えられたもので、自分のものではない。
・真実を見ることに集中し、執着せず、それを手放し、誰にも縛られず、誠実に向き合うことが大切。

これらの言葉は私の心に深く残り、時々思い返そうと思いました。

皆さんも、他の本を読まれて、忘れられない言葉があるのではないでしょうか？

今まで、私は本を読むことに夢中になって、この本の物語の主人公について、気にならなかったのですが、急に気になって、どんな人なんだろうと、最後の表紙に書かれてある、本の主人公のプロファイルを見てみると。


その方はなんと！！

現在私が住んでいる国に住んでおられたのです。

ヨガを多くの人々に広めた方だと書いてありました。

彼女が住んでいた場所は、私の住んでいる場所から電車で、1時間半ぐらいの距離だったことが分かりました。

その方は、もう亡くなられていたのですが、その方からヨガを習い、現在もヨガの先生をされている方がおられることを知りました。

「何か、わかるかもしれない！」と、すぐに連絡先を調べ、ワクワクしながら、そのヨガの先生を訪ねて行きました。

そして、その日に体験した事も、私にとって忘れられない経験になりました。

それは、初めて、ヨガの先生を尋ねて行った時のこと。その場所は教会の中の一室がヨガ教室として使われていたのです。

敷地内に、建物が左右にあって、場所がよくわからず、周りを見ていると、向こうから1人の男の子が、私の方へやって来ました。

そして、私の名前を言うのです。

その男の子の外見は12歳ぐらいで、少年合唱団に出てくるような純粋な男の子のように感じました。

そして、年に合わないような大人が使うような丁寧な言葉で、私に話しかけてきたのです。

その男の子から、私の名前を言われて「はい、そうだけど?」と返事をしました。

心の中で「なぜ、私の名前がわかったのかな? 不思議だな?」と思っていると、その男の子は「場所を案内するから、ついてきて!」と言うと、スタスタと建物の中に入って行き、階段をどんどん上がって行きました。

私は、男の子の後をついて行き、建物の1番上まで行きました。続いて男の子が部屋に入って行くと、その部屋にいた女性と何やら話をし始めたのです。

ふたりの様子を見ると、女性は話を聞いて「此処じゃないわよ」という感じで首を傾げていたのです。

私も、その部屋は明らかに、ヨガ教室の部屋ではないと思ったんですが、ふたりの様子を見ていると。なぜか不思議と「あ〜、この一室は、あの本の主人公の方が住んでおられた部屋だ！」と思ったんです。


その時は、教室はどこなのだろう？　という思いが強くて、深く考えずに男の子が、部屋から出て来るのを待っていました。

男の子が部屋から出てきたと思うと、今度は急に無言で階段をどんどん降りていくではないですか！？


なんだかわからず、私は男の子の後を追いかけて、階段を降りていった時に、途中で足を滑らせそうになって、私の足元に目を向けた後、前を見た瞬間には、私の前方にいた、その男の子がいないんです。

「え……？」男の子が消えた！　あれれれ……？

「うそ〜！？」と思いながら、大急ぎで階段を降りて、辺りを見ましたが、その純粋そうな男の子の姿がどこにもなかったんです！

「あれは何だったんだろう？」と、キツネに遊ばれた感覚というか。

何が起こったのかよくわからない状態でしたが、その時は「ヨガの時間が始まるから早く お教室に行かないと！」ということに気を取られ、さほど気にならなかったのです。

結局、ヨガが始まる時間までに教室に無事にたどり着くことができて、ホッとしました。

ヨガの先生にお会いして、いろんなお話を聞くことができました。

その先生に、正直に本を読んで来ましたと、お伝えしました。

そのヨガの先生は、心が広い方で、精神の高い方だとすぐにわかりました。

素晴らしい機会をいただいて、嬉しく感じました。

先生との話が終わり帰宅途中、あの男の子のことが妙に気になり「あれは何だったんだろう？」と電車の中で、出来事を思い返していたんです。

そして、その答えは、後日にわかりました！

これで、終わりではないんです！！

引き続き、いろんなメッセージが私に届くようになります。

シャワーを浴びている時、突然目の前に、あるデザインが頭に浮かびました。

そのデザインは『フラワー・オブ・ライフ』という古代神聖幾何学だということを、以前ネットで見て知っていました。でも意味は知りませんでした。

私に入ってきたメッセージは、
・争いのエネルギーの世界から抜け出し、人はより個性を見いだす世界に入る。
・個性とは才能。才能は自分の光を思い出す。個々の魂が自立することで、争いの世界から飛び出していく世界。
・個性、才能によって進んで行く道は分離していくように見えるが繋がっている。
・内なる個性を追求し、立つ者は内なる光を放し、主張し合うが、ぶつかることはない。

簡単に言うと、私は、生花のような感じがしました。生けられた花は、どこから見ても綺麗に見え、かつ、それぞれの花と花は重なることはない、という感覚です。

今までは、争うことで向上心を持ち、どんどん進んできた時代から、個性と調和の時代へ移行していく。

自分の価値を思い出し、他の価値も認め、上下のない調和の世界を創造していく世界。

無限で枠のない世界に移り変わっていく新しい世界。


次々に起きる体験と、これらのメッセージを、真剣に受け止め聞いてくれる私の友達に話をしたくて連絡をし、今まで経験したことについて話をしたのです。


その友達は「たくさんの本を読んで、いろんな精神世界を学んだけれど、精神世界は、確実に変化をし続けているよね！」と言っていました。

私も精神世界は、大きく変化をしているのだと感じます。


友達は「身近で、いろんなことを体験している人がいると思うと嬉しい！」と言ってくれました。そう言ってもらえる友達がそばにいてくれて、とても嬉しいと思います。

そして「出会った、あの純粋な男の子」について、彼女はこう言ったんです。

「あの男の子は天使だよ！　間違いないわぁ！」

「私も似たような経験がある」と友達は伝えてくれました。

「え！　天使？？」

私は、天使を見た経験が過去に1度有りました。
「天使を見たのはこれで2度目だ」と思いました。

私が以前に見た天使は、すごく小さくて、ラッパを持っていました。
突然、私の目の前に『ズゥ〜』と、ミツバチが飛ぶ羽のような音と共に一瞬で現れて、ラッパを吹き一瞬で消えたんです。

何があったのかわからなかったのですが、その日は大切な試験の日でした！
「受かって欲しいな！」と思いながら、試験場に向かう準備をしていた時でした。
今思えば「ありがたいことに予祝してもらっていたんだな！！」と思います。
今回2回目は、人間そのもののように現れてくれたんだ！！
いろんな形で天使さんに応援していただいているんだと思うと、感謝で満たされ、心も体も熱くなりました。

はじめから、そんなふうに「ありがとう！！」と自然に純粋に感じられていたわけではありません。

いろんな素敵な体験を通じて、ミラクルが本当にあるんだ！　と感じ、感謝できるようになれたことに嬉しく思っています。

天使たちが、本当に私を守ってくれている。

『メッセージを送ってくれている！』と感じた出来事が、その後にあったんです。

そのお話は、この後に続く他の章でお伝えしたいと思います。

純粋に信じて探求していくと、いろんな形でご褒美をいただける！　と、体験して確信することが出来ました！　これは、私の宝物です！

太陽や月が皆さんにあるように。皆さんにも雨が降るように。

「純粋な心で感謝を忘れなければ、誰にでもミラクルは起こる！」

皆さんに伝えなさい！　と。
私のもとにメッセージが届きます。

# 17 はじめてみる！

次々に来るメッセージや、体験を通じて、いろんなことを学ぶことができました。時間が経つのが本当に早いと感じます。約３ヶ月間のグループセッションも終わり。いざ、新しいスタートです！

『こうありたい自分』を想像してみる。今後は、愛と調和の世界がとても重要で、闇の世界から、光の方向へ進むことが、とても大切だと感じる。

「闇から光の方向へ導く人に！　伝える人になりたい！」と心から感じました。

夢の実現化に向けて、ウェブサイトを作成しながら「多分、これから行動していくと、私はどんどん変化していくのだろうな」と、漠然と感じていました。

「今の自分にどんなことが出来るのか？」を具体的に思い描いてみると、違う視点から気づくことが出来ます。

私は、今まで学ぶ側で、受け身でしたが「今度は、伝える側に変わるんだな！」と感じました。「じ〜ん」と実感が湧いて来ました。

「今後、どのように表現したら良いかな」上手く言葉に出来なくて、心の奥底で、小さい違和感を感じていました。

小さい奥底の違和感。また自分探しをしているような感覚を感じ始めました。頭の中のイメージで、実際に行動してみると、気づかなかったことに気づく『ギャップ』。その隙間の『何か』の違和感を、埋めようとして強く思うと、自分からの言葉が出にくくなって動けない感覚になりました。

例えば、心の奥では、とても柔らかいものを感じているのに、言葉で伝えようとすると、硬い表現になる。それが私にとってとても違和感として感じられたのです。「もっと、愛のある温かい言葉に変えて、伝えられないだろうか？」と思う。

奥底の自分を上手く表現できなくて、違和感を感じている時。

宇宙が、そんな私を見て、メッセージを送ってくれる。

「あなたは真面目すぎるのよ！　冗談も言ってみて！」

イライラしていたのか「そんなこと、わかっとるワイ！」と心で叫ぶ私。

今ならわかります、経験も必要ですよね。いきなりなんでも出来るなんて！

抵抗していたんですね。正にエゴですよ（笑）。

抵抗すると、ますます罠にハマる！　思考と心が縄引きをしていたんです。


これも経験です。エゴがいろんな形で出てきます。すごい！


自分の時間を取り、心が静まると、そんな私に、励ましのメッセージが届きます。

『経験から来るメッセージは力強い、パワーが違う。経験は大切な宝物。そして贈り物ということがわかるでしょう』と。

だからエゴがあるとなかなか思うように伝わらないんですよね。

喉が硬くなり声が出づらくなる。とても面白い！


そばで私を見ていたピーターが私にこう言った。

「人生は、チャレンジの連続だね。そして君は、チャレンジャーだ！」

その時の私の本音は「チャレンジャーでも、何でもいいから、早くこの状態から抜けたい！！」と感じていました。

大きな夢とバカでかい理想で、突進しようとして、大きな壁にぶつかる。

腕を組んで、頭で考えて高い壁をよじ登ってやる！　と、試行錯誤しているように思えた。めちゃすごい、エゴですよ！！

『一歩ずつ、一歩ずつ。慌てず、自分のペースでね〜！』と、私の耳元で囁く声が聞こえる。頭ではわかっているけれど、心がついていかない！！

いや、それは逆で「心が分かっているのに、頭がついていかないのだ」。

忙し過ぎて今まで、こんなふうに深く考えたり、思ったりしたことがあまりなかった。

本当の自分を知る！　通り道なのか？

「なんでも簡単な道はないということなのだろうか？」と。アレコレ思っていると、またメッセージが聞こえてきた。

『だから人生面白いんじゃないの？　簡単だったら、あなたはすぐに飽きるでしょ？　どうせ通る道なんだから楽しんじゃえば？』。

その時思った。どうやら時間がかかりそうなので、早く寝ることにしよう～！

## 18 本とタロットから受け取るメッセージ

自分の求めている『コレだ！』というものを探しながら、一歩一歩進んでいく。

一方で、クリスマスが過ぎた頃から、なんだか体調がすぐれない状態が続きました。何もしていないのに、すぐに疲れてぐったりする。

私は今まで、頭が痛くなったことはほとんど無かったのに、頭痛を体験。

年が明け、体調が安定しないまま、どうしたのだろう？　と思っていた頃。

今まで感じていた、周りを取り巻く自然のエネルギーが、徐々にスーっと薄れていっているな？「何なんだ？」と感じていました。

ある日突然、感じていたエネルギーが「ザンッ」と、消えて感じなくなったんです！！

自分でエネルギーを感じ始めてから、こんな体験は初めてでした。

一瞬にして、エネルギーを感じなくなるなんて!?　何か私、しでかしたのか?　と、不安な感覚を感じて過ごしていました。

すると、2月の節分の前後日だったと思います。突然、今度は「ザン!」と自然のエネルギーが感じられるようになったんです。

あとで知ったのですが、神様交代が起きていたようなのです!

今まで見守っていただいていた、自然界の神々や土地神様、妖精たちが長い期間のお役目を終え、新しい時代に合った神々が降りられたのだとわかって、ホッとしました。

何日か後で、誰かがYouTubeで『神様の交代がある』と言っているのを聞きました。「やっぱりそうだったんだな」と安心しました。国は違うけど繋がっているのだと思います。

これは本当に、変化の時が確実に進んできていると感じました。

新しい時代の変化で、精神的に大きく揺さぶられることになると感じ、地に足をつけ、自分軸が大きくブレないようにしないといけないと感じました。

そんな時は、タロットやオラクルカードや、本から得られるメッセージで、サポートしてもらうことで気分的に軽くなります。

現在、いろんな種類のオラクルカードや、素敵な絵が描かれているタロットカードがたくさん販売されています。カードに描かれているアートを見て、心も豊かになり癒されます。

いつの間にか、私の引き出しの中が、素敵なカードでいっぱいになりました。

高次元からのメッセージも、ポツポツと届く中、今の私の課題である『どう伝えていきたいのか？』自分についての探検が続く中、日本へ行きました。

日本で気晴らしに、大きな本屋さんに行ってみました。
書店の書籍コーナーは、たくさんの本が果てしなく並んでいる。
興奮して目がギンギンになります！
私が住んでいる国では見ることのない風景。あまりにもたくさんの本が販売されて、どの本を読もうか迷ってしまう。

続いて、タロットカードコーナーに行くと、たくさんの種類のタロットやオラクルカードが店内に並んでいた。

いくつか購入してみようと思う。気に入ったカードを買い物かごに入れていく。

「一度にいっぱい購入しても、持って帰れないしなぁ」と思い直して、お買い物かごに入れていたいくつかのタロットカードを元の場所に戻している時。

天使カードも妙に気になったけれど、置かれてあった場所に戻してレジに進んだ。会計時に、カゴから商品を取り出す時に気づいた。

『返却したはずの天使カード』も買い物かごに入っていた。

「私の勘違いだったのかな？」と思いながら、その天使カードも購入した。

その数日後、時間があったのでオンラインで、スピリチュアル講座に参加した。

受講中、皆さんと一緒に瞑想を行っている時に、エメラルドグリーンと深いブラウンと赤のアンバー（琥珀）色が頭の中に鮮明に浮かんできたのです。

その講座が終わった後、瞑想中に見た色がとても気になりましたが、それがどういう意味なのか、分かりませんでした。

用事を済ませ、数時間後に、はじめ購入するはずじゃなかった天使カードを手に取ってみることにしました！

「どんな絵が描かれてあるのだろう？」と思い、カードを数枚めくった時のこと。

1枚のカードを見て、びっくりしたんです！！！

涙が出そうになりました。

そのカードは、私が瞑想で見た色で、天使が描かれてありました。

その天使は『大天使サンダルフォン』。

カードに書かれているメッセージを読むと。

『あなたの願いは天に届けられました！！』と書かれてあったんです！

嬉しい気持ちでいっぱいになりました！　私は見守られていたんだと強く感じました。

嬉しい気持ちで窓に目を向けると、黒いアゲハ蝶が飛んできて窓に止まりました。それを見て、一気に波動が上がりました！

高次元からメッセージが届く中、届いたメッセージが、大きすぎると感じた時は、『天使に助けを求めて〜』というメッセージも、以前に届いていたのです。そのことを、思い出しました。

本音を言うと、次々に届く、多くのメッセージは、どこかで信用できない自分もいたんです。「これは本当なのだろうか?」って!

そして、このカードの著者について読んでみると、その著者も、エジプト神を信じていると、書かれてあるのを読んで「またビックリ!!」。

いつか、エジプトに行くしかないよねと思いました!

こうやって「本当なんだよ!」と、色濃く私に伝えてくれている見えないエネルギーに「神様ありがとう! 感謝しかない!」と思いました〜（ふふふ）。

その数日後、家族と楽しい時間を過ごした後、日本を離れ、家に帰りました。

# 19 クリスタルボウルと、チベットボウル

ある日、パソコンで仕事をしていた時のこと、あるウェブサイトが気になりました。読んでいくと「そこへ行ってみよう！」というメッセージが、私に聞こえて来ました。

「え！？」

そのサイトを読んでみると『チベットシンギングボウルの倍音でチャクラを整え、体調や生活状況の改善と癒しを人々に与えられる』というコースの内容が掲載されていました。

クリスタルボウルを瞑想の時に使っていますが、チベットボウルは使ったことがなく、それまでチベットボウルのことについて、私は興味を持ったことがありませんでした。

「このコースの意味は何なんだろうか？」と思いましたが、何度もこのコースのことが気になったので、行ってみることにしました。

あとになって、このコースを受けた意味がわかったんです。

このコースは、5日間のコース。こんな体験をしたのです！

（コース1日目）

レッスンは、休憩時間を含む、朝の9時から17時30分までありました。

授業を受ける人は、私を含め8人。まずは、自分にあった音のチベットボウルを、6つ探します。

私はクリスタルボウルを3つ持っていたので、3つのクリスタルボウルの音が合うチベットボウルを探しました。

クリスタルボウルとチベットボウルを組み合わせた音で、試してみようと思ったからです。

自分にあったボウルを見つけた後、先生が私たちに言いました。

「8人のエネルギーを感じた。初めに瞑想した方がいいな」

そして、それぞれ心地よい姿勢で座ると、瞑想に入りました。

先生が次々に言葉を発していくと、何人か泣き出す人もいました。

瞑想が終わり、それぞれ瞑想で感じたことについて、話し合いが始まりました。

みんなで、思ったことや、現在の悩みについて話をしていきます。

ポツン、ポツンと、先生が話の中で、感じたポイントを私たちに伝えていきます。


「みなさん、いろんな思いで、このコースに参加されたんだ」と感じました。

先生も、自分の悩みを話してくださいました。

「全てが満足で幸せで、悩んだことがない。そんな人なんていないんだ」と思いました。

「一瞬一瞬を幸せに感じることができても、その幸福感がず～っと続いて、満たされて悩みは全くありません。と言う人はいるのだろうか？」と思う。


人は自分のことを知り、自分でマインドコントロールを必要とする時がある。

すなわち、バランスが必要なのだと感じます。

瞑想と話し合いが終わり、小冊子を見ながら、シンギングボウルマッサージの手順について先生の説明を聞きました。


レッスン1日目が終わりました。みなさんの意見を聞いていると、いろんな感情や、メッセージが入って来ましたが、私は発言をあまりせず、みなさんの話を聞くことに集中しました。

その夜、私は、ぐったり疲れて、早い時間に寝ることにしました。

（コース2日目）

疲れて、早い時間に寝たせいか、スッキリ起きることができました。

今日は「自分が感じたことを積極的に発言していこう！」という自分がいるなと感じました。

なぜかわかりませんが「今日は月の気分！」と、強い感情が沸きあがり、私は先生に言いました。

「先生、今日の私は月です！」

私は言った後、頭の中で思いました。

「以前の私なら、こんなことは、絶対言わなかったよね？」

「満月の日が近づいているからだろうか？」と。

今から思うと、ホント自分でも、笑えちゃう。変な人だよねと思わず笑える！

教室に行くと、他のみんなは少しグッタリしている様子。

今まであまり内観していなかった人は、急に瞑想して、感じたことをみんなの前で話すのは、とても勇気が必要だし、とてもエネルギーがいると思う。

心の底の自分の感情が湧き上がってくる。それに慣れていないと、すごく疲れるのだと思いました。

今日も、瞑想から授業が始まりました。

瞑想の中、自分の奥底の感情が出てきて、耐えきれなくなり、教室から出て行く人もいました。

そんな中「シンギングボウルマッサージの授業なのに、内観させられているのは何故なんだろう？」この授業に必要なことなのか？　と私は思いました。

瞑想後、先生は次々に質問していきます。心の奥底の声は人それぞれ。

育った環境から受けた深い傷や、外から受けた、受け入れたくない自分の奥底の感情を言葉に出して伝える作業。いろんな感情エネルギーを感じました。

私は、先生に質問をしてみました。

「先生、人の命は時間という制限がありますよね。どうせ生きるなら、幸福に生きることに集中すればいいと思います」

先生は私の質問にこう、言いました。

「幸福だけを追求すると、バランスが取れなくなるのだよ。自分にとって、少しでも引っかかる出来事が出てくると、感情が急降下するからだ」

そして、続けて先生は、私にこう言いました。

「君のエゴは強そうだな！　君のエゴに対してはどうなんだい？」

その質問に対して私は答えました。

「先生、自己価値が低ければ、自分に対して自信を失い、行動ができません。ですが、自己価値を上げようとして、エゴになってしまう時があります」

「エゴを引き出すことで、行動力が上がり、どんどん前に進んでいける一方で、自分はできるんだ！　と思うエネルギーが強すぎると、エゴ、傲慢になります」

「程良いバランスを保つのがとても難しいです！」と、先生に答えた。

先生は、「そうだな！」と言い。腕を組むと「だから自分を知ることが大事なんだよ」と私に伝え終わると、生徒同士でシンギングボウルマッサージの実践に入りました。

実践は、最初にクライアントさんから、問題点を聞いた後、シンギングボウルを鳴らしながら、その人のエネルギー状態を確認する作業をします。最初、私は「本当なのか？感じ取れるのか？」と少し疑っていました。

これだけ不思議な体験をしていても、この『疑う』という感情は、自分のどこかであるんです。

その感情があるということが、自分でも不思議です。

そして、人のエネルギーを確認する作業をして、びっくりしたんです。

エネルギーを確認することが出来ました。

本当に、その人の体に、停滞しているエネルギーがあると、シンギングボウルを持っている手の位置が下に『スト〜ンッ！』と落ちるんです。

『こ〜れは、面白い！』と思いました！　こんな事があるんだって！

私の知らない未知の世界が、たくさんあるのだと認識させられた瞬間でした。

（コース3日目）

「私の知らないことがまだまだあるんだ！」と思うと、だんだんこの授業が面白くなってきました。

ランチの時間は、クラスメイトと、いろんな話をして、とても仲良くなっていきました。とても心地よいエネルギーを感じました。

昼の休憩時間が終わって、教室に入ると先生が室内に入ってきました。

私は先生に何故かこんなことを言いました。

「先生、今日は私は太陽です！」

何も考えずに言った言葉でしたが、先生は笑わずに、私の目を見てうなずきました。

「え!? また、面白いこと言ったよね!?」と、私は思いながら午後の瞑想に入りました。

マントラを聞きながら瞑想が始まって何分か後に、大きな波というか『うねる』ような、エネルギーを感じ、悲しい感情やいろんな感情を感じました。

その瞑想中に、いろんなエネルギーを感じたその瞬間、私にメッセージが届きました。

「夜に暗闇になっても、月と星の美しさを見ることができる」

「暗闇の世界が明けて、太陽の光がのぼる美しさを見ることができる」

「それにも気づかず、不満なのか？　何が不満なのか？」という、メッセージが聞こえたと思ったら。

私の頭の上に、太陽の球体がポーンと昇りました。今度は、ストーンッと落ちて、下腹の丹田の辺りでピタッと止まったかと思うと、みぞおちの位置の少し下まで上がり、太陽の球体が、『ピカーン、ピカーン、ピカーン』と、それはまるで暗闇の海に光る、発光電気ウキのような太陽球体が発光し始めました。


点滅し始めたんです！　自分でその発光を止めようとしても止められないんです。『ピカーン、ピカーン、ピカーン』という感覚。

「どうなっているんだ？　私だけか？　感じているのは？　そうだよね。何これ？」と私が思っていると、先生が言いました。

「誰か、僕たちのために働いてくれているよな？　エネルギーを感じるかい？　球体が発光しているみたいだな？？」

続いて、クラスメイトの１人が「先生、私も感じます、私が感じるのは、何か、放たれているエネルギーを感じます」と言うではありませんか……。

「本当なんだ、なんだコレ？」

その時の私の頭は、右方向下に向いて、体は動けない状態でした。胸辺りのスペース半分、右辺りが他のエネルギーで埋まっているように感じていました。

その後15分ぐらい、光の点滅は続いていたと思います。


先生が、「そろそろ戻って来るように！　ゆっくりと戻ってきなさい！」と言いました。瞑想が終わる時間が来ましたよ！　という合図です。

私は、体を動かそうとしましたが、動けない、ヤバイ！　と思い、先生を呼んだ方が良いかなと思った時「動いてごらん、自分で動けるから」という声が聞こえた。

私が最初に首を動かそうとした途端に、スーッと体全体が動けるようになりました。私の体を動かすことが出来た時は、私のみぞおち下辺りで発光していた球体もその時はすでに止まっていました。

「あれは、なんだったんだろう？」と思いながら、次の実践授業に入りました。

その日の授業が終わり、帰宅途中のバスの中、今日の出来事を思い返していました。本当に「今日は太陽の光の日だったのだろうか？」と思いながら、バスの中から外の風景を見ると、バスの側面ガラスが反射して、鏡のように私の服装が映って見えた。


今日はＴシャツを着ていた。色は黄色！　笑えた。太陽の色だ、黄色。

不意にバスの中の周りを見渡すと、ギョッとした！！


キャンペーン中なのだろう。バスの中に貼られてあった何枚かの同じ広告が、ゆらゆらとバスの動きと一緒に何ヶ所かで揺れていた。

その広告は、色が黄色で、真ん中に空と太陽の写真が載せられていた。

バスの中は、太陽の黄色でいっぱいになっているかのようだった。

これでもか！　と太陽は、私にメッセージを伝えていた。

「そのメッセージが何なのか？」深く知りたいと思いながら、家に着いた。

その日の夜は、すごく疲れたので、早い時間に寝たのを今でも覚えている。


（コース４日目）

朝から清々しい風が吹いていた。教室に向かう途中、バス停で、バスが来るのを待っていた。周りを見ると、目がキラキラしている人は、ひとりも私の目に映らなかった。私は思う「そのままで幸せ！」と感じる人はいないのだろうか？

すると、お婆さんが、私の隣に近寄ってきた。

そのお婆さんが、私にバスの行き先を聞いてきたので伝えると「ありがとう！　今日はいい天気だね！　それだけで嬉しいよ！」と、お婆さんは笑顔で私に言ってくれた。


バスが来るまで、何回も私の方を見て、微笑んでくれた。嬉しい！

「こんな人が町中にあふれていたなら、今の世界はどうなっていたのだろうか？」と私は思う。

数分後、私が待っていたバスが来た。「素敵な1日を！」と言い、私はお婆さんに笑顔で挨拶をして、そのバスに乗り込んだ。


教室に到着。いつものように、瞑想をした後に実践に入った。

瞑想中に泣く人は、もういない。

シンギングボウルマッサージの実践をしている中、部屋に飾ってあった観音像を見た。

それを見て、深い優しい気持ちが湧き出てくる。

「人は、なぜ女神像を見たくなるのか？　崇めたくなるのか？」何だかわかるような気がした。

「クラスメイトも、私も、心が少し強くなって優しくなったような気がしたのは私だけだろうか？」そんな思いが音に現れる。人に伝わることを実感した日。


自分の心を整えなければ、他の人を真実の目で見られない。見えない世界はある。

さぁ、明日はコース最後の日、思いっきり楽しもうと思う。


（コース5日目）

今日が授業最後の日。私はやはり学ぶことが大好きだ！　クラスメイトも優しい素敵な人たちなので、最後の日がちょっぴり寂しいと思った。

そして「私は今後、どう進むのだろうか？」と思いながら教室に入った。

いつものように授業は、瞑想からはじまった。

瞑想中、やっぱりエジプトに行ってみたいと強く感じ、私の体験話を書いて本にすること！　という感情が出てきた。

そういえば、以前に受けた個人セッションで『本を出版する』ことになる、『スピリチュアル・ティーチャー』と言われたことがあったなと、今頃思い出した。

瞑想が終わり、みんなで感じたことを話す時間が来た。

私は「今年にエジプトに行きたいと思います。そして本を書こうと思います！」と、みんなに伝えると、私の隣にいたクラスメイトのひとりが、突然こう言った。

「えええぇぇー！　私、見たのよ！　瞑想中に。イシスが現れたのよ！」

「絶対イシスだと感じた！　でも、なぜエジプトなのかが分からなかったのよ！　あなたねぇ！　もうびっくりした」

私は彼女の言葉を聞いて、クスッと笑った。だって、彼女はミディアムで、メッセージを伝える仕事をしている。なのに、そんなにびっくりするなんて笑えた（笑）。

そして、今後の私のしたいことが、見えてきたことが嬉しかった！

その後、先生が私に「良かったら、エジプトに行ってどうなったか連絡をくれ。今後が楽しみだな！」と言って、コースの証明書を渡してくれた。

よく分かんないけど、よし、やってみよう！　という感情が出てきた。

自宅に帰り、ピーターと、エジプトに行こう！　という話をしながら、美味しいご飯を食べた！

# 20 真実を探し求め、一歩ずつ進む

先日受けた授業で、今後の方向が少し見えてきた。

それはやっぱり、エジプトに行くこと！　そして、私の体験を本にすることだ！

自分の中で何処か半信半疑だったが「見えない世界は本当なんだ！」と信じることが大切だと感じた。


体の不足しているエネルギーを、どう感じられるのかを体験できた。

体験したことで、人はエネルギーを感じることができるのだと、自分の体験から証明されたと私自身、確信できた。


これだけたくさんの不思議で、素敵な体験をしておきながら、自分のどこかで、これは本当なのか？　と思う自分がいた。

私を応援してくれている存在に申し訳ないけれど時間が過ぎると「本当だったのか？」と思ってしまうのも事実。

エジプトに行った後は？　本を書いた後は？　その先のこれだ！　という確かなものを感じたい！

今までの私だったら『コレだ！』とすぐに明確になり、行動することが出来た。

以前は「そういうものだろう」と思っていた。

しかし、今回は今までとは違うようだ。だから「少しずつ行動してね」ということだろう。

その先の遠い自分が見えなくて、焦ってしまうことがある。そう思っている時も「信じなさい！」というメッセージが届く。

何ともいえない気持ちになる。「自分が感じた通りに動いてみる！」と思うが、ネガティブ思考がアレコレと邪魔をする。

その様子を見かねてか、トート神から、ちょっと強いエネルギーが届く。

以前にその本を購入して、まだ読んでいなかった。

続いて「エメラルドタブレットを読んで！」とメッセージが届く。

今日で5日連続『トート神』と『エメラルドタブレット・アクティベーション』のカードを引いた。

「愛のムチなのか？」


その頃、ピーターが、私の様子を見て心配してくれていた。

大まかなイメージはあるのだが「どこから？　どうやって？」。

漠然としすぎて、どう進めばいいのか迷路にハマったような感情が強まった。

動けない自分への苛立ちと、バランスを取ろうとする思考も心も疲れ切っていた。

そんな私を見ていたピーターは、私に言った。

「ルガーノで映画祭があるけど、行こうか？」

「映画祭で映画を観た翌日、出張があるので、そのままイタリアに行くことになるけど、気分転換に一緒に行く？　昼間僕は、仕事で君とは会えないけどね。夕食は一緒だよ！」

ピーターの問いかけに、私は「うん、行きたい！」と返事をした！

小旅行に出かけることにした。

まずは、ルガーノ、ティチーノ州で毎年開催されている映画祭に行くことになった！

翌日、車でルガーノに到着。ルガーノの映画祭は、毎年トップスターが招待され、華やかに賑わっている。

ホテルは、映画祭の会場から、少し離れた静かなホテルの場所を予約したので、静かでゆっくりすることが出来た。


今日の夜に、野外で映画を見る予定になっていた。なので、その日はゆっくり時間を過ごすことにした。ベッドの上に座りながら、ネットニュースを読んでいた。


すると、ある広告が気になった。

『神の智慧とクンダリーニ、瞑想』の文字がとても気になり、何だかその講座を受けてみたいと思った。

『いろんな瞑想が面白そう！　クンダリーニも興味深い！』と思い、早速オンライン講座に申し込んだ。

今の環境に感謝。受けてみたい講座をすぐ受けられる！

正直にいうと、いつもひとりで瞑想をしていたが、どこか孤独感があり、あまり好きではなかった。

チャットグループもある。オンライン講座を、一緒に受けている仲間とチャットできる。面白そうだなと思った。

ピーターが寝ている間に、早速、オンラインでクンダリーニ瞑想を試してみた！

瞑想の後に何故か、このルガーノのお天気みたいに、スッキリ頭と心が軽くなった。「不思議〜！」

グループチャットで、いろんなコメントが書かれていた。コメントを読むのも楽しい。

あっという間に時間が過ぎ、昼食をとり、ピーターと散歩をしていると、大きな虹が見えた。嬉しい出来事があると、虹を見ることが多い。

私の思考と心がクリアになると、以前に読んだ本のことを思い出した。

本に書かれてあった文章は確か、こんな文章だったと思う。

「物事についての考え方には、いろんな角度がある。コトが起きたことに対して、思考の角度を少し変えてみるだけで、問題だと思ったことが、問題ではなくなる」という内容が書かれてあった。

「面白い！」いろんな智慧があれば、生活に活用できる！　と興味を持ち始めた。

そして夜になり、映画祭の会場に向かった。

会場に到着すると、素敵なドレスを着た人達が、シャンパンやワインを飲んで会話を楽しんでいた。日頃味わえない豪華な雰囲気を楽しんだ。

イタリアンレストランで夕食をとりながら、レストラン内の人々を見渡した。

たくさんの人達が、食事をしながら、映画について、熱心に語っていた。

食事の後、会場に行き、映画鑑賞の席に座った。

有名なスターたちが会場の舞台に上がり、熱心に映画について語っていた。

そして野外で映画を楽しむことが出来た。

会場に、大勢いたせいか、興奮し過ぎたのか、とても疲れた。

ホテルに帰って時計を見たら、夜中の1時を過ぎていた。

ベッドに入った途端、記憶が飛んで、ぐっすり寝ていた。

次の日、イタリアへ車で移動だ！

ここから東部の方向へと車を走らせてイタリアに向かう。目的地はイタリアだが、その場所に住んでいる人達はドイツ語を話す。面白い場所。

私たちが泊まるホテルは、平日プールもサウナも利用でき、ひとりでも寂しくなさそうだ。始めたばかりのクンダリーニ瞑想を、オンラインでも楽しめる！

イタリアへ向かう道中、車の中で美しい自然の景色を楽しんだ。その中でも、空の青色と雲の動きがとても印象的だった。

イタリアに到着。ホテルの周辺を散歩した。

明日ピーターは仕事があるので、明日に備えて早い時間に夕食をとり、部屋でゆっくりした後、寝ることにした。

翌日、早起きしてピーターと朝食をとった後、私は水着に着替えて、プール用のカバンに大きなタオルと、ミネラル水のボトルを1本入れ、プールサイドに向かった。

今日の天気は暑過ぎず、ちょうど良い天気だ。

朝早い時間なのか、プールサイドは誰もいなかった。

緩やかな風が吹いていて、ほんの少し肌寒いと思ったが、厚めのタオル素材のガウンを着て、大きなタオルを足元にかけると寒くない。

私は真っ青の空と、かすかな風を感じながら、瞑想に入った。


心がだんだんと落ち着いてくる。

微かに吹く風で近くにある木や竹の葉と小枝が揺れる音が聞こえる。

サヤサヤと音が聞こえて清々しい。気分がスッキリして、とても気持ちがいい。


クンダリーニ瞑想をした後、プールで泳ぎ『エメラルドタブレット』の本を読んで時間を楽しんだ。

ゆっくり文章を読んで、書かれてある内容が理解できるように集中した。

これは、遠い昔に書かれた本だが、いまだにたくさん学ぶことがあると思った。

そんなタイムレスな本は、素晴らしいと心から思った。

時計を見ると、お昼の12時を過ぎていた。

お腹が少し空いたので、プールサイドを出て、部屋に戻りシャワーを浴び、服を着替えると、ホテルの周辺の町を散歩した。

ホテルがある場所は、小さい町でこじんまりしている。

パン屋さんでサンドイッチを買い、教会が見えたので食べながら教会まで歩き、いろんな小さいお店を見て楽しんだ。

そよ風が吹いて、歩いてもそんなに暑くない。

教会の側まで来た時には、食べていたサンドイッチも完食。カバンの中にある水のボトルを取り出して、水を飲んだ後、教会の中に入った。

教会の中に入ると、ステンドガラスの色が太陽の光で反射され、赤や青、黄色の色がフロアーに映っていた。

中央に十字架が飾られている。マリア像と天使の像があるのが見えた。

それらを眺めていると心が落ち着いて、とても心地良い気分になる。

今日は、瞑想を外で行い、清々しい気持ちになって、美味しいサンドイッチを食べて散歩が出来た。

そして、素敵なこの教会で心がゆったり出来るなんて、とても幸せだと思う。

ステンドガラスのデザインと太陽の光でキラキラ映し出されている色をボーッと見ながら思う。

「本当の幸せって、こういう安らぎの時間を持つことができる瞬間なのではないか！」私は教会の木の椅子に座りながら思う。


「エゴが無くなれば、幸せしか残らない？　しかし、エゴが全くなければ、行動してみたい、チャレンジしてみたい！　という気がなくなってしまうではないか？」

「エゴには、良いエゴと、良くないエゴがあるのだろうか？」

「では、エゴと直感は、どうだろう？　エゴと直感の違いは？」

「どう感じるのだろうか？」

今度は、直感エネルギーと、何となく感じるメッセージを感じてみる。

「直感はとても軽い感覚。やってみよう！　という、明るくて軽いような感覚」

「緊張で体も固くならない、短いエネルギーのような、軽い感覚」

「行動してみたいことに対して純粋な感情である感覚」


それに対してエゴを感じてみた。

「行動に対して、結果を求めすぎる」

「こうであるべき。こうなったらどうしよう」

「後悔しないように、先にやってしまえ！」

など。

コントロールが強い感情と、『恐れ』の感情が出てくる。

「おそれからの行動」になると道が外れる。感覚がとても硬いエネルギーを感じる。そして荒いエネルギーを感じ思考が強くなるのを感じた。

「エゴと直感について、自分自身で感じ取った感覚がとても大切で、大きな意味を持つ」

「本来人生は、失敗や成功は無いのではないか？」

物事には、対照的な質があり循環している。それはまるで光と闇。

闇がなければ、光を見る事ができず、光があることで闇を感じる事ができる。

例えば、みんなが知っているであろう、闇と光。太陽と月、夜空と星。


今度は、私の中で感じたメッセージを感じてみる。

「それらの循環によって生かされる」

「迷った時は自然を見よ、感じよ。あなた達には見ることも、聞くことも、匂うことも感じることも出来るではないか」

「魂は、闇から光を見出し創造していくのである」

「そして源に帰っていく」

「迷った時は自然に触れよ」

「ただ、何も考えず、無になり感じてみると気づきを得られるのである」

というメッセージが届いた。


気づくと、空は青空から、薄いオレンジ色に変わっていた。

ホテルに帰ろう！　ピーターとの夕食を楽しみに！

私は神に感謝を伝え教会を出て行った。

# 21 宇宙って不思議。インヤン（陰陽）

昨日、教会で届いたメッセージを通じて、物事にはバランスがとても大切なのだと感じました。

バランスについて思い浮かべるのは、インヤン（陰陽）のマーク。

輪の中に白と黒で、バランスよく描かれた太極を表現している図だ。

さまざまな視点から、陰陽の２つの観点からバランスを見るわけだが、私が気になった対照的な意味とバランスについて書いてみた。

・謙虚さと自信について

謙虚は控えめで、つつましいことや素直に相手の意見を受け入れること。

謙虚さがあれば、細かな点に気づきやすい。上手くいかなかったことに対して素直に反省できれば、壁も乗り越えられやすい。だが、謙虚さが強くなりすぎると、相手の意見を受け入れすぎて、自己肯定感が低くなる。

自分の「ここは譲れない。他の意見を否定しないが、私の意見はこうです」という、意思を持ち伝えなければ、自己肯定感を高めることは難しい。

外からの影響から自分軸がブレやすくなるので、境界線を作って、バランスを整えることが大事。


一方で、自信があれば行動力は高まるが、パワーバランスを崩すと、自信過剰になり傲慢になってしまう。

傲慢は、目標にしていたことが達成できなければ、成功しなかったのは他人のせいだと、思い込みが激しくなりやすい。


これは成功の結果に、焦点を当てすぎている時や、完璧を求めすぎている時に、出やすい感情だ。自分を追い込んでしまい『恐れ』が強くなる。

過度に自分を追い込んでしまうと、自分の問題点を認めたくない、という感情が強くなりやすい。現実を直視できない傾向に、弱みを見せられず、ますます自分を追い込んでしまうことになりやすい。

自分を受け入れ、素直でいることで得をすることもある。

・沈黙と話すことについて

どんな事に沈黙を守り、いつどこで話すのかによって、信用を得たり、信用をなくしたりすることがある。話す時も沈黙する時も、それぞれタイミングがある。

沈黙したままだと、真実は伝わってこない。

また、話しすぎても逆に「それは本当なのか?」と疑われてしまうことがある。

沈黙も、話すも、これまた、タイミングとバランスが必要であるが、勿論、嘘のために利用するのでなく、真実の意図を持つことが重要だと思う。

・慎重さと、素早い行動力

素早い行動力のある人は素晴らしいと思う。その一方で、慌てて行動してしまうと「ベストなタイミング」がズレて、チャンスを見逃してしまうことがある。しかし、慎重になりすぎても同じことが言える。「ベストなタイミング」を逃してしまいがち。

時代の流れの変化が速い時に慎重になりすぎると、あれこれ考えすぎて「少し前は興味を持ったが、今は分からない」などといったことが起こりやすい。

私に『今、行動しなさい！』というメッセージが届いたりする。そうかと思えば、『慎重に進みなさい』とか『休んだら！』というメッセージが届く。

「これは、なんだろうか？」と理由がわからなかった。

けれど、なんとなく学んだことがある。

それは、人それぞれ良いタイミングがあるということ。

良いタイミングは、自分しかわからないことがある。

休むタイミングもある。

バランスを失いかけた時は、いろんな角度から見て、起こったことに光をあてられることができれば、視野も知恵も広がる。理性も強い味方になってくれる。

バランスを保てれば、自由を得られるということなのだと思う。

思うように行かなかったり嫌なことが起きたりして、外側や、他人のせいにしてしまえば、その時は簡単かもしれないが、そこから動けなくなってしまうこともある。自分がどんどん苦しくなっていく。

「どうして！！」という感情のエネルギーが強ければ、強いほど、自分が苦しいだけなのである。自分を許すこともいいんじゃないかと思う。

自分を受け入れ、許すことが出来れば、本当の奥底の自分を知ることができる。

そのままの自分を許そう！　自己愛ができれば、他の人にも優しくできる。


いろんな体験を光の経験に変えて、自分を知っていくのだと思う。

良いことも悪いことも光に変えることができれば、どこまでも自由だ。

痛みや苦しみから、光を見つけ、希望を持ち、幸せに変えることができる。


私が死を迎える時は、いろんな体験を光に変え、素晴らしい思い出を手土産に、お世話になった方々にお礼を言い、この世（地球）を去りたいと思う。

「そうできますように！」と心から願う。


地球に光の輪がどんどん広がり、エネルギーが強くなれば、宇宙は無限に広がっていくのだと思う。
人々が生きることに楽しみを見いだし、目がキラキラしている人達のエネルギーの循環でいっぱいになれば、優しい調和の取れた本当の愛と平和な世界が来るのだろう！　と想像してみる。

海や空、自然や動物たちのエネルギーに人は癒され、人も自然と環境に癒しを与えられることが出来れば、無限に豊かなエネルギーの世界になる。

遠いどこかで感じたことがあるような豊かな世界。
そんな世界は来るのだろうか？

## 22

# エディンバラと楽しい時間

実は、シンギングボウルの最後の瞑想で「文章を書こう！」と思った数日後、私はあるニュースレターを見つけて読んでいた。

それは出版社が企画した、本の出版についてのセッションと説明会だ。

読んでみると、その会場はスコットランドのエディンバラ（Edinburgh）にあるホテルの会場で行われると書いてあった。

その説明会に行ってみたい！　と思った。

エディンバラは、私の住んでいる場所から飛行機で、2時間ちょっとで着く場所。日本より近い。本を出版することに関して色々聞いてみたいと思う。

しかも、そのセッションに、私がクンダリーニ瞑想講座を受けている先生や、タロットカードで有名な憧れの先生もゲストで来る予定なのだ。

先生や、いろんな人に会ってみたい！　とワクワクした。

早速、ピーターに、スコットランドに行きたいと話をした。

話をすると彼は「説明会には行かないが、エディンバラに行ってみたい」という。よし！

決まり！！


その説明会に申し込み、飛行機とホテルの予約を取った！

文章を書くことについて、私は全く経験がない。小学校の時に書いた覚えはあるけれど、そんな程度だ。でも、とにかく行ってみよう！

何か面白いことが起きるかもしれない！　と、少女のようにウキウキした。


その頃から、時計を見るたび、エンジェルナンバーをよく見た。

何気なくデジタル時計を見ると、15：15、17：17、18：18、19：19の数字をよく見た！！

ありがたい！！　天使の応援が入っていると感じる。

あとは、その日が来るのを楽しみに、楽しい生活を送ろうと思った。


時は流れ、私たちはその出版説明会の3日前にエディンバラに到着した。

ホテルに到着したのは夕方。

チェックインを済ませ、荷物を部屋に置き、外に出てホテル周辺を歩いて、いろんな店々を見ながら街並みの風景を楽しんだ。


今日は、厚い雲が波だっているように見える。厚い雲の隙間から眩しい光が差し込んでいた。風が強くて、髪の毛があばれて、ライオンのような髪型になる。

明日は多分天気が良いと思う！


街を歩いて、アジアン料理店を見つけた。店の中に入ると、店員さんの応対が優しい。

私たちは、このアジアンレストランで夕食を食べることにした。

今日は私たちの結婚記念日！　案内されたテーブル席に着くと、シャンパンを注文したが、その店はアルコール類を置いていなかった。でも持ち込みＯＫだという。


それを聞いて、ピーターは急いで店を出て、酒屋にシャンパンを買いに行ってくれた。

ピーターがシャンパンを買って、店に戻って来た時の彼の顔は、トマトのように赤くなっていた。強風の中、急いで買いに走ってくれたのだろう。

そんなピーターの顔を見て、ウルッとくる。とても優しい！　私の結婚は、宝くじの大当たりを当てたように嬉しく思う！

ふたりで乾杯をし、アジアン料理を楽しんだ。こうして私たちの結婚記念日は、素敵な日になった！　明日は、有名なエディンバラ城に行ってみたいと思う！

次の日のお天気は晴れ。空の色はすごく鮮やかな青色だ。

翌日、ホテルを出て15分ぐらい歩くと、大きなエディンバラ城が見えてきた！

「きゃーっ！　大きくて迫力がすごい」と私は思わず言った。

お城は、断崖絶壁に建っていて、どっしりとして、ダイナミック。

昔の人は本当にすごいと思う！

お城の中に入ろうと思ったが、今日のチケットはすでに完売。お城内見学は明日になった。

今日は、お城の周りをゆっくり歩いてのんびりすることにした。

風があるけど、天気が良いので気持ちが良い。

エディンバラ城の周辺に、たくさんのお店があるので、いろんなお店を見て楽しんだ。

メインストリートでバグパイプを吹いている人達を見た。

やはり、バグパイプの音色とスコットランドの民族衣装のキルトが印象的だったが「寒くないのかなぁ」と思いながら歩いた。


前方に、素敵な教会のセント・ジャイルズ大聖堂（St Giles Cathedral）が見えたので教会の中に入っていくと、見事な天井に圧倒され、美しいステンドガラスに癒された。

外観も素敵で、とても素晴らしい教会に感動。

感動したあとは、喉が渇いたのでパブに行こうということになり、ホテルの人から聞いたオススメのスコティッシュパブへ向かった。


お目当てのパブに入り、ローカルビールと、伝統的なハギスという料理を食べて満喫！

美味しい飲み物と食べ物に出会えると、ほんとに気分が良くなる。

歩いてホテルに帰る道中、おじさんが、大きなフクロウを腕に乗せているのを見つけました。

そのフクロウに、吸い寄せられるように、おじさんに近づくと、一緒にいたフクロウが目をぱちくりしながら首をぐるりと一回転させた。

「わー！　すごい」フクロウを目の前で見たのは初めて！！

おじさんは「興味があるなら腕にのせてもいいよ！」と言ってくれたので、私の腕にその大きなフクロウを乗せてもらいました。

思ったよりもずっしり重い感覚。フクロウは私の腕の上で、鋭い爪でバランスをとりながら立っていました。

羽を広げると大きい。羽はとても綺麗で、ツヤツヤ光っていた。

目は大きく、瞳孔は黒で、虹彩のオレンジ色がまるでクリスタルのように透き通った目をしていました。今でも忘れられません。

おじさんとフクロウに「ありがとう！」とお礼を言って別れると、ホテルまでの帰り道、ピーターとふたりで中世の街並みを見て楽しみながらホテルに到着した。

その翌日、いつものように朝食を食べてから、エディンバラ城に向かって歩きました。

今日の天気もサイコーに晴れ！　今日は、どんな素敵なことが待っているのか楽しみだ！と思い、お城に到着。

チケットを係の人に見せて中に入ると、想像していたよりも中は広々として、まるで場内は小さな町のようでした。

どこから見ていけば良いのか迷いそう。お城から見える美しい街並みと清々しい青空がとても気持ちが良く、この場所のエネルギーは高くて心地良く感じました。

いろんな城内の建物を見て回り、最後にクラウン・スクエアにある、戦いで命を落とされた方々を追悼するための戦争記念館があるので館内に入りました。

進んで、１つの部屋に入った途端、声が聞こえた。

『敬意を持っているかね。ここに入る者は敬意を持つように』と声が聞こえた。

声のする方向に目を向けると、高い天井に飾られている、番人のような、牧師のような存在の像だった。

「あなた様はどなたですか？」と聞くと、この部屋に飾られている勲章を持つ魂の番人の役目をしているとのことでした。

私は心の中で「あまりにも興奮してしまい、尊敬の念が足りませんでした。敬意を持って見させていただきます。ありがとうございます」と言い、お辞儀をしてその部屋を出ました。

その記念館を出ると、清々しい風が吹き、虹のような光がスーッと差し込んできました。館内は写真撮影が禁止されていたので、外から記念館の建物の写真を撮りました。その写真は、建物の周りの上部に薄いピンクと紫色のエネルギーが写り、下部に細い虹色の光の筋が写っていました。

私はその写真を見て「良いエネルギーで、良かった！」と思い、その場を後にしました。

城内大広場まで行くと、大勢の人達が集まっていました。

観光客用に用意された大砲が打ち上げられるらしい。

少し時間が経って大砲が放たれた。大きな音だったので、思わず手で耳を塞ぐ。

空に舞い上がる煙を見ながら「戦争のない平和な世界が来ますように！」と祈った。

ゆったりと城内を観て歩いたあとは「小腹を満たしたい！」ということになり、私たちは城下町のスコティッシュパブに行くことに。

どのパブが良いかわからないけれど、とにかく良さそうなパブに入ってみた。

店内に入ると親切な店員さんが声をかけてくれた。


外は風が吹いて寒かったせいか手が冷たい。

何か温かい食べ物が良いな！　と思い、チキン＆マッシュルームパイと、野菜スープ、そして、ハギスとローカルビールを注文した。

温かい食べ物を食べて、ビールを飲みながらホッと一息。

ピーターとお城について話が弾んだ。

体が温かくなると眠くなってきたが、冷たいビールを飲むと眠気が冷めた！


すると、ストリートでバグパイプを吹いていたお兄さんが、休憩をとりに店内に入って来た！　お兄さんのほっぺは、寒さで赤いりんごのようになっていた。

私たちは続いて、ウイスキーを飲んでみることにした。

バーに、いろんな種類のウイスキーがズラリと並んでいて、どれを選んでいいのか、わからなかったので店員さんに聞くと、丁寧にウイスキーについて説明してくれた。そして試飲も出来てとても親切だった。

ピーターは、まろやかなウイスキーを！　私はスモーキーなウイスキーを注文した。ウイスキーを飲むと体がいっきに温まる。

パブ店内で満喫した後、ホテルに戻って休憩タイムを取ることに。

ホテルでうとうと。いつの間にか寝てしまって目が覚めたら夜になっていた。

その夜は、近くのパブで軽く食事をして早い時間に寝た。

明日からいよいよ2日間、出版についてのセッションと説明会だ。

## 23

# 私は1人ではないと感じる。守られている

次の日、早起きして会場に向かった。

会場のホテルに到着すると、たくさんの人が列になって会場受付開始を待っていた。数分後に受付が始まり、係の人に名前を確認してもらう。証明書を見せて会場の中に入りました。

よく見えるように、聞こえるようにと、前列から約3列目の席に座った。

後ろを振り返ると、参加者は、大勢の人々でいっぱい。並べてある椅子の約80席がぎっしりと埋まっていた。参加者の約98%が女性だった。

私は、自分が座る席の左右の人に「こんにちは！　よろしくね！」と声をかけ、椅子に座った。そして、携帯電話を見ると、エンジェルナンバーを見た！

「お！　今日もツイテル！」と言うと、私の席の左側の女性が、「あら！　どうしたの？」と話しかけてくれた。

私は、その女性に、エンジェルナンバーのことを話した。「ゾロ目の数字を見たとか、同じ数字を何回も見る現象を、エンジェルナンバーって言うのよ！　その数字にはメッセージがあるのよ！」と言うと、彼女は不思議そうに私を見つめていた。

いよいよ、セッションが始まった！

まずは、主催出版の方からのお話があり、その後続いて、いろんな出版社の編集の方々からテーマ別で話をしてくださいました。

簡単に書くと、こんな内容です。

・いろんな内容の本が出版されている。本の紹介。
・最初の手順は、テーマを決めストーリーの骨組み（章）を作り書いていく。
・毎日少しずつ書くようにすると、アイデアも浮かびやすい。
・すでに出版され、ベストセラーになっている本の紹介や内容について。

どんどん説明がなされ、あっという間にお昼の休憩時間になった！

ピーターとランチをする予定だったので、会場の外を出ると彼はすでに待っていてくれた。


ランチ休憩は、1時間しかないので、急いで近くのレストランでランチをとった。

休日のようにゆったりとはできない。

私はピーターに「慌ただしくてごめんね」と言うと、「いや、説明会があるから仕方がないよ、気にしないで」と彼は言ってくれたが、その時、私の頭は情報でパンパンだった。


次のセッションがもう少しで始まると思うと、気が落ち着かなかった。

昼からの部が始まるので、早々にピーターと別れ会場に入った。

トイレに行って席に戻るとホッとした。セッションが始まるまで、数分時間があったので、会場に並べられてあった本やオラクルカードを見て購入した。


昼からの部が始まり、作家で、オラクルカードで有名な女性が会場に現れた。

その人の姿を見て直ぐに、優しいオーラが素敵だと思った。

有名だからとツン！　とした様子は全くなく、気さくで柔らかな印象だ。

彼女から出版したきっかけの話を聞いて素晴らしい！　と思った。


そして、休憩時間になり、その作家のサインをもらいにみんなと一緒に並んだ。私の番が来て、購入した本にサインをしてもらい、写真を一緒に撮ってもらった。私は笑顔で「ありがとう！」と言うと、彼女も笑顔で返してくれた。

「素敵な女性だな！　私もあんな女性になりたいなぁ」と思った。


さあ、休憩時間が終わり、Q＆Aの時間が来た。

質問したい人は前に来て、マイクの前で質問をすることになっている。約20人の人が列になって並んでいた。

話を聞いていると、2年前ぐらいから起きた感染症や地球温暖化などの環境変化について話をする人が多い。

急速に進む環境の変化から「今後の子供達は、どうなっていくのだろうか？」というテーマで本を出版したい！　という人もいた。

やはり不安な気持ちで生活をされている人が多いと感じる。

そんな体験から不安な気持ちを表現されたい人が、やはり多いようだ。

私は話を聞きながら、なんとなく携帯電話を見ると、15：15のエンジェルナンバーを見た！！　私の隣にいた女性が、興味津々な様子で、私の携帯電話を見ていた。

私はその女性に言った。「これ、あなたの数字じゃない？　なんだかそう思うけど？」。

その女性は、私の言葉を聞いて『15：15』という数字を見ながら私に言った。

「実はこの数字、最近よく見るのよ！　でも、この数字がどういうことなのか、よく分からなくて！」と彼女が言ったので、私は彼女に、簡単なメッセージを伝えると、彼女は目をキラキラさせながら私に笑顔を見せてくれた！

私は、彼女のキラキラした笑顔を見て、とても嬉しくなった！

笑顔は自分と他の人の心を豊かにしてくれる！　と思う。

天使が数字でメッセージをくれたり、素敵な出会いがあったりと、いろんな形でサポートが入る。そして、私はひとりではないと強く感じた瞬間だった。

私は続けて彼女に言った。

「天使が数字でメッセージを届けてくれるのよ。興味があったら、エンジェルナンバーの本を読んでみて。信じて願えば、数字はあなたに届くからね！」

彼女は、嬉しそうに私に言った。

「サポートを受けられるのであれば、その本を買って見てみる！　どんな数字が届くのか？　楽しみ～！」。

時間が、あっという間に過ぎて、第1日目のセッションが終了した！

会場を出ると、ピーターがすでに私を待っていてくれた。

私たちは、レストランへ急いだ。今日のレストランは、人気のベジタリアンのお店だ。満席になる前に早足でレストランに向かった。

レストランに到着。ドアを開け店内に入ると、内装はシンプル。

キッチンがガラス越しに見えて、どんな料理を作っているのかが見える。

受付近くのテーブルの上に、いろんな種類の新鮮な野菜と果物がデコレーションのように置かれていた。

席に座ると私はピーターに言った。

「思いっきりリラックスだ〜！　食べるぞ〜、飲むぞ〜、楽しもう〜！！」

メニューを見て注文したら眠たくなったが、注文した料理が私たちに運ばれてきた。

その料理を見て感動した。興奮して目が覚めた！


お皿は白色で、緑や赤、黄色の野菜が綺麗に盛り付けされていた！

何枚か写真を撮って、美味しい料理と白ワインを堪能した。

今夜も、ピーターと食べて飲んで！　お店の雰囲気を楽しんだ。

素敵な時間だった。お店を出てホテルに帰って早々に寝た〜。


明日のセッション2日目は、最後の日だ！　楽しもう！！


いつものように朝起きて会場へ向かった。

会場に到着して席を見渡すと、昨日、席がお隣さんだった女性が、私の席を確保してくれていた。

彼女は「ココよ！　あなたの席を取っておいたわよ！」と、手をふって私に知らせてくれた。

私が席に着くと、彼女が言った。

「ねえ、あなた何者なの？　昨日、エンジェルナンバーの本を買って、家で私の数字についてのメッセージを見たの。そしたら、あなたが私に伝えてくれたメッセージと同じことが書いてあったわよ！」と、目をクルクルさせて、私に話してくれた。

私は彼女に「参考になったなら良かった！　ただ、そう思っただけよ！」と伝えた。


その数分後にセッションが始まった。

昨日は質問したい人がたくさんいたので、今日はQ&Aの時間を長く取ることになり、プログラムの一部が変更された。

いろんな話を聞いて、とても参考になった。話を聞きながら「私だったら、こんなふうに書くかなあ」とイメージしながら聞いていた。


突然、携帯電話のスクリーンが気になる。見てみると『10：10』だった。

隣の女性に「ねえ、これ見て！　またエンジェルナンバーよ！」と見せると、彼女は「信じられない？？」という目で私を見返した。

私は彼女に言った。

「直感が働くと、こんな感じでサインが至る所で見えるのよ。読み取ることができるよ！」

彼女は「それは特別な人だけが見えたり、感じたり、直感を得ることができると思う」と言ったが、私は彼女に言った。「感じることに慣れてないだけで、みんな直感を持っていると思う」彼女はまだ信じていない様子だった。


お昼の時間になり、ピーターとランチを短い時間で済ませた。

なぜならピーターは、明日に仕事があるので、今日の夕方の飛行機便に乗って家に帰る予定だった。そして、彼はトラムに乗って空港へ向かった。


午後から、私が講座を受けているクンダリーニ瞑想の先生のセッションがある予定なのでワクワクしていた。

その先生は天使が大好きで、天使に見守られていると心から感じている、なので「ひとりではないと信じている」と、その先生は話していた。

そして「人は職業で生きているのではなくて、この地球に学びに来ている！」

「直感はみんなが持っていて、ただ慣れていないだけだ！」と語った！

その瞬間、私と隣の彼女の目があった！！

ふたりでクスクス笑った！「ほら、言ったでしょ。シンクロが起きたよ！」と私が言うと、彼女は目に涙を浮かべて、今にも大笑いしそうになりながら、大きく何度も頷いていた。

そんな楽しいセッションも終わりの時間が近づき、最後にみんなでダンスをしながら、セッション終了までの時間を楽しんだ。

私は、隣の女性とハグをしながら「楽しい時間をありがとう！」と言い、連絡先を交換して会場を出た。

外に出ると、お天気は曇りのせいか、急に寂しくなった。

「ピーターは今頃、飛行機の中だろうなあ！」と思う。

今日の夕食はホテルで軽食を取り、ホテルの部屋で久しぶりにゆっくりしようと思いながらホテルに戻った。

携帯電話をみると『22：22』、『22：44』、と続いて数字を見た。

それはまるで天使たちが、私に『お疲れ様〜！』と伝えてくれているように感じた。

以前の私なら、ポツンとひとりになった時は、不安を感じていたが、こんなにも『サイン』をもらうと、本当に「私はひとりではない」と確信した。

# 24
# 今後の世界

2日間のセッションを、無事に楽しく受けることが出来た。

今日は家に帰る日だ！　朝食を済ませ、チェックアウトの手続きをした。

空港に行く時間まで時間があったのでフロントに荷物を預けて、エディンバラ城周辺を散歩することにした。


ホテルを出て、ひとりで散歩するのも良いが、なんだか相棒がいないと、気が抜けたように感じる。

それでも素敵なお店を見ながら散歩を楽しんだ。不思議なお店も見つけた！

そのお店は、魔法が使えるという小道具がお店いっぱいに飾られていた。

店内に飾られたグッズを窓越しから見て「らしいなぁ」と思いながら、その店を通り過ぎ、カフェ屋さんに入った。

カフェを飲みながら、歴史のある建物の風景を見て、私はボーッとした。

空を見ながら、今まで体験したことを思い出していた。

不思議な体験をしてから、私に届いたメッセージについて思い返してみた。

最初に集中して、ビジョンと共に受けたメッセージは、今後の時代の変化のサマリー（要約）のようだったのではないか？　と思う。


そのメッセージを思い出し、確認してみる。

・争いのエネルギーの世界から抜け出し、人はより個性を見いだす世界に入る。
・個性とは才能。才能は自分の光を思い出す。個々の魂が自立することで、争いの世界から飛び出していく世界。
・個性、才能によって進んで行く道は分離していくように見えるが繋がっている。
・内なる個性を追求し、立つ者は内なる光を放ち、主張し合うが、その独自の個性を持つことで、ぶつかることはない。
・宇宙は無限だということを信じる者だけが、自分を信じることができる。

・争うことで向上心を持ち、どんどん進んできた時代から、個性と愛と調和の時代へ移行していく。
・自分の価値を思い出し、他の価値も認め、上下のない優しい愛と調和の世界を創造していく世界。無限で枠のない世界に移り変わっていく、新しい世界。
・個性とは。自分の価値観とは、形にとらわれず、その本質を見抜いていく真見の目のことである。
・魂が光ることで自分を思い出すことができる。
・私たちが利用している電気エネルギーに関して、大きな変化を迎えることになる。周りのエネルギー環境を見よ！　今後の変化に気づくであろう。

さらに細かく感じたメッセージを書いてみると。

・信じることがすべてである。その本当の意味を知った者は強い。
・エネルギーの循環が大切なのである。循環しなければエネルギーが停滞し、あらゆるバランスを崩すことになる。
・こうでなければいけないと、こだわりを持ちすぎると前に進めなくなってしまう。そんな時は方向を変えてみよう。柔軟な考え方は心を軽くする。

・己（個）が智慧を持ち自立しているエネルギーは繋がることもでき、離れることもできる。そのエネルギーは柔らかく、しなやかで折れることがない。

・時代の大きな変化を受け、エネルギーの流れが大きく変わる時は、柔軟に変化を楽しむと、大きな変化を成し遂げることが出来る。

・真実は体験と、起こったコトである。そこから学ぶことは大きな宝物になって自分を助けてくれる。

・過去に起きた経験は過去。この先に起きたことが、同じ結果になるとは限らない。

・どうして？　どうして？　とばかりに、こだわってしまうと道に迷ってしまう。そんな時は一旦、そこから離れ、『今』の自分にあるものを数えてみよう。

・エネルギーの流れは、波のように上下に動いているようなもの。良い時もあれば、その反対もある。それはまるでお天気のようだ。

・どうして私ばっかり！　と思う時は、好きなことをして自分を満たしてあげよう！　そして天候や自然を思い出せば、気づくことが出てくるかもしれない。

・休まないといけない時には理由がある。時間を楽しもう！

・忙しいと、疲れるには、それぞれ2種類のタイプがある。
・心と体は一体。時々自分の体に耳を傾けることも必要なお仕事。
・自分の直感や感覚を信じてみよう！　そうすれば、自分がわかってくる。
・興味を持った人がいれば、直接話をしてみよう！
・何かに興味を持ったことがあれば自分で行動してみよう。自分がどう感じるか？　が大切である。
・身近な人を愛して大切にしよう！
・家族や友達に幸運が訪れたら、心から祝ってあげよう！！　自分にとって良い幸運は来る！　次は自分の番だ！　と思えばいい。
・自己愛や許しを学び体験することで心から癒される。
・エネルギー自体が軽くなり、思ったことが現実化しやすくなる。

私に、いろんなメッセージが届いた。

これからも、いろんなメッセージが届くと感じる。

今から思えば、2020年から本当に駆け足で、世界も私も大変化があったなぁと思う。

いろんな変化の中、今も幸福に生きられている。いろんな神様や天使からのメッセージをもらい、学ぶことが出来た。

自然の力に癒され、いろんな神様から力をいただき、守っていただいたことが何回もある。本当にありがたいと心から思う。


空を見上げると、雲の動きが速いと感じた。急に早く家に帰りたいと思った。

ジェラートを買ってカフェ屋さんを出た。ジェラートを食べながらホテルに向かうストリートを歩いた。この街にまた来ることになるだろうと感じた。


そしてホテルに戻り、荷物を受け取った後、空港行きのトラムに乗り込んだ。

空港に到着。手続きを済ませ、ゲートを確認。時間があったので旅の最後に、ローカルビールを楽しんだ。

飛行機は1時間ほど遅れで離陸し、無事に我が家の空港に到着。

空港の出口を出たら、ピーターが私を待っていてくれた！　私はホッとした！

# 25

# 神様はいつでも光の子をリクルートしている！

感染症が発生して以来、友達と直接会う機会がめっきり少なくなっていた。

現在、私が住む国は2年前の状況から比べると、ほぼ普通の生活に戻っていた。

その頃ぐらいから私に『もっと外に出て、たくさんの人と会いなさい』というメッセージが届いていた。

しばらく会っていなかった友達に連絡を取り、数人の友達と湖沿いにあるカフェレストランで会うことになった。

秋が近づいているようだ。微風が冷たく感じたが太陽が出て晴れ空だ。

カフェレストランで集まった友達は7人ぐらいだったと思う。みんなで楽しい話や気になる話題の話をして盛り上がった。

時間が過ぎて落ち着くと、それぞれ気になっている環境の変化について話をした。そして最後は笑って「また会いましょう！」と言い、解散した。

最近ラジオで、よく聞く話題。内容は仕事の転職や職場の雰囲気。人間関係や、子供の教育、夫婦関係などさまざま。

少し前に車の中で聞いたラジオからの話は「人の悩みを聞きすぎて、うんざりしている」という内容だった。人間関係で悩んでいる人は多い。


最初は親切心で聞いていた愚痴や、悩み相談を何度も人から聞かされると、疲れてくる。友達はもちろんだが、親や夫婦であっても同じこと。聞いている人が疲れてくる。

確かに人は悩みを打ち明けると、一時的に心がスッキリすることがある。人に悩みを話すことで、体に溜まっていた重いエネルギーが分散されるからだ。

悩みを聞いた人が敏感な人ほど、負の感情エネルギーを感じやすい。

ネガティブな感情を持っている人と一緒にいるだけで、なんだかピリピリした空気感を感じた経験はないですか？


その反対に、グループの中で誰かいつも笑ってニコニコしている人がいたり盛り上げ役の人がいたりすると、その場はいつも明るくて楽しい雰囲気になる。

そんなふうに感じたことはありますか？

ネガティブもポジティブも同じエネルギーなので、自分が発するエネルギーは、人間や動物、木や草、花に影響しやすい。私たちはエネルギー体なのです。

こんな言葉を思い出す。

「闇と戦うより波動を上げ、気持ちを明るい方向へ、方向転換することで、闇が小さくなる」。

残念ながら闇は消えない。

闇にも役割があるので消えないけれど、光を持つことで闇は小さくなる。

私は、この言葉はとても大切な意味を持っていると思っています。

ネガティブな感情から光と愛の方向へ変えることができれば、自由を手にすることができるのだと思います。

教会内で見たアートを思い出します。そのアートを見ると、下に男女が火の中で、もがき苦しんでいる様子が表現されています。

その上をみると、鳩がメッセージを伝えようとしていて、天使たちが救いの手を差し伸べています。

そのまた上を見上げると、神がゴールドのオーラを放ちながら天を見上げている姿と、その周りを天使や鳩が優雅に飛んでいる様子が表現されていました。

私はこの芸術は、光を見つけ、負の輪（エゴ）から解脱し、自由を手に入れる状態を表現しているのだと思いました。


光といえば、以前に読んだ『エメラルドタブレット』の本を思い出します。

その本を読んで、いかに光の方向へ進み、歩むことが大切なのかを学びました。

他の本からもいろんなことを学ぶことができ、知らなかった自分を発見することが出来る。まだまだ、私の知らない世界がたくさんあるのだと思う。


私が心に残った言葉を思い浮かべてみる。
・宇宙は黒でも白でもない。悪いも、良いも無い。
・全てを持っている、そのことを思い出せばいい。気づいていないだけ。

・人は、智慧（叡智）により、摩擦（戦い）を避けられるようになる。智慧は人との関係を良くし、自分自身をも助けることができる。
・ネガティブな感情は、外側から来るように感じるが、自分の中にあった闇の一部が、外側から刺激されて、浮き上がった感情。コトはいつも内側で起きている。
・闇の力は強い。なめてかかると闇に飲まれる。『今』光が重要。
・能力がある人ほど、闇の罠にハマりやすい。
・光には2種類（聖と悪）がある。
・恐れから出た行動に良い結果を得ることはない。
・光の方向へ進めば、周りも光の方へ進むようになる。
・調和は不調和を知ることで確認でき、不調和は、調和を知ることで認識できる。
・純粋な気持ちを持つ人は神からの応援を受けることが多い。
・どうして？　どうして？　と聞く人は、神は苦手なのである。信じると神からの大きな応援を受けやすい。流れに乗ることができる。
・子供と本気で接すると、子供は理解できる。なぜなら子供は純粋で、なにが本心かがわかっている。深いところで納得することができる。
・波動を上げることで、見えてくるコトがある。

・心地良くない話をした時は、心地良い話で終わるようにしよう！
エネルギーを０（ゼロ）に戻すようにしよう！　バランスを保つと心が軽くなる。

どんなメッセージがあるかな！　と思うと、どんどん出てくるから面白い。


ある日のことを思い出す。

知人と話をしていると、メッセージが届いた。

『光のタネを絶やしてはいけない』というメッセージ。『その魂の光が消えないように。メッセージを伝えなさい』と感じた。


その知人は悩んでいた。

「メッセージを伝えても良いですか？」と、知人に了解を得て、私に伝わってくるメッセージを伝えた。消えかけていた光が、だんだん青くて淡い光となって見えたのを思い出した。

その日、道を歩いていると続けてメッセージが届いた。

『今、光がとても重要な時。心の奥にある光を見つけたら、その光を絶やしてはいけない。

光のタネを絶やしてはいけない』

『光を伝えよ、今、光がとても大切なのである。光の輪を広げよ』

というメッセージが届いた。

帰宅途中で、落ち着かなかったので、私が頭の中で作っている『質問ボックス』に入れておいた。

すると、私が寝る前にメッセージの言葉の行列が上から下へポツポツと降りてきた。

メッセージの内容は、

『人が、ひとりで世界を変えようとする時、漠然としすぎて、わからなくなるだろうが、自分が光を放つことで、周りも光の影響を受けるのである』

『一見、それは小さいことのように感じるが、小さな力はどんどんと広がり、大きな力を生むのである』

『今、光が大切で、光の子が必要なのである』

『光のタネを絶やしてはいけない。勇気づけよ、光を見つけ光を繋げ。大きな喜びの世界に変わるでしょう』

私は思いました！！『今、光がとても大切な時！　神さまは、いつも光の子を見つけて、リクルートしている。光の子を見つけて、光のメッセージを送り続けている。気づいて扉を開けてくれるのを待っている』と強く心に感じたメッセージだった。

トート神の姿が目に浮かぶ。もし、あなたが信じるのであれば、ぜひ！　喜びを見いだし、感謝を持って内側から光を放ち、神にアピールしてほしいのです。

『私は、ここにいます！』と！

そうすれば神や天使、精霊はあなたを見つけて、扉を叩いてくれます！！

# 26 エジプト

私に不思議なことが起こった時から『どうして、エジプトなんだろう？』と思っていた。そう思うと、日に日に、エジプトに行ってみたい！　という思いが強くなっていった。何ヶ月も前から、ガイドブックを買って読んだり、ピーターが旅行会社を探してくれたり、ワクワクしながらこの時を待っていた。

（エジプト1日目）

12月の初め、ピーターと私は、エジプトのカイロに到着した。空港に到着すると、ツアーガイドさんが、私たちを出迎えてくれた。

入国証明書を係の人に見せた後、空港内を出口に向かって歩いていると、『安全の守り神。女神セルケト』の像が私たちを歓迎してくれた。

空港を出て、すぐに駐車されてあった車に乗ってホテルに到着。

ツアーガイドさんから、明日のスケジュールと、大まかなことを聞いて、チェックインの手続きを済ませてホテルの部屋に入った。

この部屋に入るまでに思ったことがある。今までの旅行とは違い、厳重な警備が行われていた。ホテルの前に大きな門があり、数人の警備の人たちが銃を持って警備していたことだ。

ホテルの中に入る時も警備員の人に荷物を渡し、チェックされた後に、ホテルの中に入れた。今まで旅行してきた場所とは、大きく違うと思った。

エジプトは神の国なのに、どうしてこんな状態になってしまったのかと思う。

時計を見ると時間は夜の8時。ルームサービスではなく、軽い夕食を取りにホテル内にあるレストランに行くことにした。

このホテルは歴史のあるホテルで、大きな庭の中にホテルとレストランの建物が立っていた。

部屋を出て館内を通り過ぎ、大きな庭に出ると、前方にギザのピラミッドが見えた！

夜で空は薄暗かったが、巨大なピラミッドがはっきりと見えた。

こんなに近くで見えるなんて！　エネルギーが細かくて優しい。感動した！

庭には、いろんな色の花が植えられ、ホテル内のエネルギーは、とてもクリアだった。太い川のようなエネルギーが上から降りてきているのが肉眼でもはっきりと見えた！！

レストランまで歩きながら、ここに来られたことに感動して、ただ感謝した！

気温は暖かいが、風が吹くと少しひんやりとした。

ホテルのレストランのテラスで、ピーターと一緒にピラミッドを見ながら、夕食の時間を楽しんだ！　豊かな時間だ。

「ピラミッドを見ながらゆったりと食事ができるなんて！」感動！！

テラス席の横に大きなプールがある。見るとプールの水面が微風でゆらゆらと揺れていた。なんとも言えない満たされた気持ちで風景を眺めた。


（エジプト２日目）

朝早く起きると、モスク（礼拝所）から祈りの声が響いていた。その声を聞いて、なんだか心地良く感じた。ピーターも良いねと言っていた。

支度を済ませ、レストランのテラスでゆっくり朝食をとった。

時間は朝の7時過ぎ。早い時間だったが、太陽が出て清々しい空気を感じた。テラスに座りカフェを注文。前方にある朝の巨大なピラミッドを眺めた。目の前にある大きなプールの水面は鏡のようになって、ピラミッドを逆に映し出していた。

パンを取りに、レストラン内に入ると、朝食はビュッフェ形式になっていた。たくさんの料理が並んでいた。

パンと果物を取ってテラス席に戻ると、プールの水面にたくさんのツバメが水を飲みに鳴きながら左右に飛んでいるのを見た。清々しい気持ちで心が癒された。

素敵な朝食時間を終え、待ち合わせ場所に行き、ツアーガイドさんが来るのを待っていた。

待っている間に、ホテルの人と話をしていたら、「日本人の方ですか！　ゴルファーのジャンボ尾崎さんを知っていますか？　僕は昔、彼がここに来ると、ジャンボのキャディをしていました！」と、話をしてくれました。

私は「なんだか面白い！　世界は広いようで狭い！」と思いました。


その数分後、ツアーガイドさんが来てくれました。車に乗って私たちは、サッカーラのピラミッド地域に向かった。階段ピラミッドを見て周りを歩く。

サッカーラにある大墓の壁画を見に中に入った。すると、美しい彩色で壁画が描かれ、ナイフで牛の肉を切っている絵や、鳥を捕まえている様子が壁画に描かれていた。これが古王国時代のものだと思うとすごいと思う。


続いて、ピラミッドのテキストと言われる絵で書かれた文字や、天井一面に描かれたヒトデのような星が壁一面に描かれているのを見た。

ジェセル王のピラミッドコンプレックスの柱廊を見ながら歩くと、柱の隙間から見える鮮やかな青空と雲が見えた。なんだろう？　太陽の光が眩しくて光の筋がたくさん見えた。


それから車で移動して、メンフィスに向かった。

メンフィス博物館の館内に入ると、ラムセス2世の巨大な像が横たわったまま置かれていた。

その巨大な像を見て、とても意外だったのは、ラムセス2世の顔がとても穏やかな顔をしていたことだ。

目が優しく、口元の左右は微かに上がっていて、観音像のお顔のような穏やかさを感じたのが印象的だった。

私は軽くお辞儀をしてその館内を出ると、一緒に過ごしたツアーの人たちと、街のレストランで、ピラミッドを見ながら少し遅い昼食をとった。


それからツアーガイドさんと、次の日の約束をしてホテルに戻ったのは夕方。

礼拝所からお祈りが聞こえた。ホテルの庭から見えるピラミッドの周りの空間は淡いオレンジとピンクの色で包まれていた。

いつまでも、ピラミッドを眺めていられるから不思議。

早い時間に軽く夕食をとった。

レストランのテラスで、赤ワインを飲みながらピラミッドを眺めゆったりと過ごした。

満月の日が近い。

月の光のエネルギーがはっきりと見えて、とても美しかった。

（エジプト3・4日目）

今日は、ギザの3大ピラミッド地域を観光する予定だ。

ホテルからすぐ近くの場所だが車に乗り、クフ王やカフラー王のピラミッド付近に到着した。

ピラミッドを間近で見ると、とても巨大で圧巻！！

空には雲もあったが青空が広がっていて、とても気持ちがいい。


ツアーガイドさんが「皆さん、ピラミッドの中に入りますか？」と聞いてきた。

私は初め「ピラミッドの中に入る！」と思っていたが「ピラミッドの中は、人だらけで何もない！　空洞だよ！」と他の人から聞いた。

それを聞いて、ピラミッドの中に入るのをやめた（私は後悔することになる！）。

「では、ピラミッドの周辺をラクダに乗っていきましょう！」と、ガイドさんが言い、私たちは写真を撮りながら、ラクダが待っている場所に到着した。

ラクダに乗るなんて初めてなので、ドキドキした！

ラクダは、口をもぐもぐしながら私たちを乗せるために待っていた。

綱をもち、背にまたがると、ゴツゴツした感じ。ラクダくんが立ち上がる時は、振り落とされるやん！　という勢いで、ラクダくんが後ろ足から立ち上がった。

私は前のめりに大きく傾いた「ひえ〜っ！」という声を出したが誰も聞いていなかった(笑)。

「ピーターは大丈夫だろうか？」と後ろを振り返ると、ピーターはもう、ラクダの背に乗っていた。

ピーターのラクダは、胃の調子が悪いらしく、ブルブル口元を震わせながら、白い泡を出していた。

それを見て「大丈夫なのか？」と思ったが、ピーター本人を見ると、全然気にしていない様子だった。

ラクダに乗って、ギザの3大ピラミッド周辺を楽しむ！　と思いきや！　ラクダくんが歩く度、大きく揺れるので、振り落とされるのではないかと、ヒヤヒヤしながら綱をしっかり握りしめた。

巨大なピラミッドを目の前で、下の位置から上へ眺めた。

そして、私の前を、ピーターを乗せたラクダが口元をブルブル振るわせ、泡を出しながら、ゴロゴロ大きな音を出して進んでいた。

「なんだか笑える！　だけど、振り落とされそうで笑えない！」

そんな面白い状態で、巨大ピラミッドを見て楽しんだ。


次に向かったのはスフィンクス！

「これが有名なスフィンクスかぁ！」と思うと、感動して心が弾んだ。

「スフィンクスが崩れないで、いつでも見に来られますように！」と願った。

スフィンクスの前で何枚か写真を撮った後、エジプト考古学博物館に移動した。


エジプト考古学博物館の館内では、カフラー王座像や、ラーホテプとネフェルトの座像、ハトシェプト女王のオシリス柱頭部が見られて、興奮で私の目がギンギンになっていた！

アクエンアテン王の巨像前に立つと、大きな光のオーラに像が包まれているのが見えた。


そして、2階にあるツタンカーメンの黄金マスクを見に部屋の中に入った。

部屋の壁側にツタンカーメンの財宝のホルス神のペンダントや、胸飾り、スカラベのブレスレットなどが、ガラスのケースの中に入って展示されていた。
ツタンカーメンの黄金のマスクのそばに行った途端、まるで孫悟空の頭の輪の『きんこじ』が、私の頭にかぶされて、ぎゅーっと締められているような痛みを急に感じた！

「痛くて近寄れない」

私は、すぐ黄金のマスクから離れて、辺りをぐるりとゆっくり歩いた。頭は痛くならない。歩きながら「頭痛は、たまたま起こったのか？」と思い、もう一度、ツタンカーメンの黄金のマスクにゆっくり近づいた途端に、頭を輪で締められているような痛みが走ったので急いでその部屋を出た。

前世で、私は「ツタンカーメンに悪さをしたのだろうか？」と思いながら、近くに置いてあった椅子に座った。

未だに頭痛がした理由はわからない。必要であればその答えが、いつか分かるだろうと思う。

その後、私たちはエジプト考古学博物館を出て、夕方にホテルに帰った。
ホテルの部屋に帰ると心が落ち着いた。

空を見ると薄いオレンジとピンク色が淡い空の青と混ざって優しい色をしていた。
ホテル内の庭を散歩して、テラスで夕食を楽しんだ後、部屋に戻り、歯を磨いていたら、急にどんどんメッセージが入ってきた。

メッセージはこんな内容だった。

・こんにちは。これからたくさんの人々が愛と調和へ目覚めていくでしょう。
・それは、目覚めていく人は、愛と調和の大切さを心から感じるようになるでしょう。
・そして、人々が『帰る』とは、心からの自分を見つけ、本来の自分へと戻っていくことを感じるでしょう。
・そう思うことで、感じることで、地上で生きる自由を手に入れることができるでしょう。
・自由に生きるとは、尊敬（respect）であり光でもあるのです。
・それを心から感じることができれば、人はみな繋がっていることが、言葉で説明しなくても心で感じられるでしょう。
・高い意識を持つことで、調和というものを身体で感じることができるでしょう。
・調和とは、音のようなもの。調和の音を出すことにより、見るもの全てが幸福に感じるでしょう。

・そして、不調和とは、音の不調和で、オーラの不調和でもあります。
・そうすると、心が乱れ、身体も不調和が起こるでしょう。
・一人ひとりの調和が大勢の人への光へと繋がるのです。
・目覚める人がたくさん出てきて光の輪が起こるでしょう。
・あなたが、心地よい世界を創るのです。愛おしい、未来の子供達のためにも愛と調和を伝え、その光が絶えぬよう願います。

長いメッセージだったので、急いでメモ帳に書き込んだ。

メモする時は、すごい速さで手が動く。


明日は早起きする予定なので、ペンをテーブルに置いた後、すぐに寝ました。


朝が来た！　今日は双子座満月の日！

早朝に日本の皆さんとオンラインで繋がって、新年に向けてエネルギーチャージ！　ということで満月ライブを行った。

ピラミッドを見ながら、皆さんと楽しいおしゃべりをすることが出来ました！

オンラインで繋がった皆さんに喜んでもらえて、とても嬉しく思いました。

ライブ終了後。朝食の時間をピーターと楽しんだ。


その日の予定は、昼過ぎまでフリー（自由行動）。夜の飛行機便で、ルクソールに行く予定になっていた。そして夜遅くにルクソール空港に到着。

空港に到着してから車で船まで移動し、クルーズ船に乗り込んで、やっと部屋に到着すると、安心したのか、疲れてすぐに寝てしまいました！


（エジプト5日目～10日目／ナイル川をクルーズ船で移動）

朝の6時に起きて、船の窓から景色を見ると、すでに朝日が昇っていました。

空の色は、鮮やかなオレンジと柔らかいピンクで優しい気持ちにさせてくれた。

朝の8時には、空の色が変わって、鮮やかな青色をしていた。

外を見ていると、小さな船の往来が見える。今日の予定は船から降りて車で移動。メムノンの巨像を見学した後、王家の谷に行く予定。

メムノンの巨像を見て、王家の谷に到着。公開されている墓の中に入ると、イシス神やホルス神。トート神やクヌム神、アビス神や、オシリス神、演奏をしている女性や働いている男性の壁画を鮮やかな色彩で見ることができて感動した。

次に、ハトシェプト女王葬祭殿に行くと、大きな建物に圧倒された。ハトシェプト女王葬祭殿の左側にハトホル神殿礼拝所がある。その場所に行くと大きなハトホル神の柱が何本か立っていた。その姿を見た時「やっと会えた！」という思いで涙が出そうになった。ゆっくりと歩き、ハトホル神を眺めた。空の色はとても鮮やかな青色で、雲ひとつ無かった。柱の隙間から太陽光が虹色に変化して、輪の光がいくつも見えた。

次の日、エドフにある、私の大好きなホルス神の神殿に向かいました。場所に到着し、歩いていくと、外庭から見た第2塔門が見えた！巨大な塔門にホルス神やイシス神のレリーフが描かれてありました。

これまた感動！　ゆっくり歩きながら進み、第1、第2の列柱室に入って行きました。急に左側の壁が気になって、気になった方へ歩いて行き、ハトホル神とイシス神のレリーフの前に立った時だった。メッセージが降りてきた。

『光続けよ！　そうすればあなたに贈り物が届くでしょう！』というメッセージだった！

嬉しくて、心が満たされて涙が溢れそうになった。

ホルス神殿の中にいるだけで、不思議と心が満たされた。

私は、この神殿が大好きになった！


今まで、男性ツアーガイドさん達が案内をしてくれていたが、今日は、女性ガイドさんだった。そのガイドさんが、私を見て「あなたは、このホルス神殿がとても好きでしょ！あなたが心から満たされているのを感じるわ！　あなたを見ているだけで、私も嬉しくなる！」と言ってくれた。そのことがとても嬉しくて、今も心に残っています。


それから、アブ・シンベル大神殿にも行きました！

アスワンに着いて、私たちを迎えてくれたガイドさんは、双子ですか？　というぐらい、インドのガンジー（ガーンディー）に、そっくりだった。

そのガイドさんから、アブ・シンベル大神殿と、小神殿についての歴史を聞いた。

1960年代に、神殿の水没危機にあったが、国際的な救済が行われた。大規模な移設工事が行われ、1968年にコンクリート製のドームを基盤とする形で移築された（ウィキペディア参照）。

ガイドさんの説明を聞きながら、移設工事の計画書の一部や、図面を見ることも出来ました。そのことを聞いて「人間は、知恵と力を合わせることで、なんでもできるんだ！」と思いました。

もう1つ、忘れられない思い出があります。

ルクソールにある、カルナック・アメン大神殿に行った時のこと、気づいたことがあります。

カルナック・アメン大神殿は、とにかく巨大です。

大列柱室を歩き、幾つもある巨大な柱を見て、とても圧倒されました！！　大好きな場所です。所々の柱の箇所に、オリジナルの色が残っていて、その色が太陽の光に照らされて、なんとも言えない優しい色をしていたのがとても印象的でした。

さらに、大列柱室から奥前方を見ると、高くそびえ立つオベリスクが見えました。

そのオベリスクを見た時、思ったのです。


以前に、個人セッションで私には、「大きくて高くて空まで届きそうなエネルギーが見える」と聞きました。それは、もしかして『オベリスク』のことではないか？　と感じました。


昔、エジプトにあった数本のオベリスクが、いろんな国々に運ばれています。

後で知ったのですが、バチカン市国のサン・ピエトロ広場にも、オベリスクがあります。

そして、バチカン博物館に、グレコリアーノ・エジプト美術館があることがわかりました。私は「何かわかるかもしれない！」と思いました。近い日にバチカン市国に行こうと思います。


そして、アメン大神殿の中を歩いていると、一体の神像と目があった瞬間。

メッセージと、パワーをいただきました。

私はまた、エジプトに来ることになると確信しました。

その時は、ギザのピラミッドの中に入って、エネルギーを感じてみよう！　と思います。

エジプト滞在の日々は、感動と学びの連続でした。

旅のガイドさんから色々と親切にしていただき、クルーズ船の係の人から、船に戻ると、いつも優しいおもてなしを受けました。

王妃の谷のネフェルタリの墓の中では管理をしている人から「ネフェルタリ、ネフェルタリ！」と呼ばれて（笑）。いろいろ説明をしてもらい、見学時間が過ぎても「見たいだけ見て良いからね！」と親切にしてもらえました！　幸運な旅でした。


繋がっていく、私の魂の旅。

もっと、お伝えしたいですが、書ききれないほどです。

今回のエジプトの旅で『生きる』ということを、強く感じました。


最後に、私が1番行きたい！　と思ったハトホル神殿。

デンデラに行ったことを最後に伝えましょう。

ガイドさんの車に乗って、ピーターとハトホル神殿がある、デンデラに向かいました。

その場所に到着して、荷物検査を済ませ、門の中に入ると、広々とした場所にハトホル神殿がありました。

神殿の入り口まで歩いて行き、改めて神殿を見ると、入り口を真ん中に挟んで、ハトホル神の顔柱が左右に3本立っていました。


神殿の中に入ってすぐ、列柱室があり、ハトホル神の大きな柱が見えました。

その柱は高く、上を見ると天井には色鮮やかな青とチャコールグレーで絵が描かれ、天井いっぱいに月や星、船に乗った神々が描かれてありました。


とても感動して言葉が出ませんでした！

神殿の中に進んでいくと、小さな部屋がたくさんあり、部屋の中に入ると壁一面に、ホルス神やイシス神、ハトホル神のレリーフが描かれていました。

『何時間でも見ていたい！』という気持ちになりました。


夢中になってレリーフを見ていく中、体がとても熱くなりました。汗をかきながらレリーフを見ていると、ピーターとガイドさんが、私を見て不思議そうに「どうして暑いの？大丈夫？」と、心配して声をかけてくれました。

汗だくになりながら、感動しながら神殿内を見て回りました。

デンデラに来るまでは、私は感動して大泣きするんじゃないかと思っていましたが、意外にも体が熱くて、それどころでは無かったのです。

神殿内に入って、空間が広くてとても清々しいと感じました。

たくさんの小鳥達が遊びに来て、神殿内を飛び回っていたのを見て、癒されました。

そして、その神殿を後にする前に、ガイドさんから、ハトホル神についての神話を聞いてびっくりしました！！

その神話は、ある時、大神々が人間達の行いに怒り、ハトホル神に人間を殺しなさい！と命じたそうな。

ハトホル神は、大神から命じられたように、人間達を殺していきます。

そして今度は、大神がハトホル神に、もう良い！　と命じたが、ハトホル神が半狂乱になって、その行いをすぐに止めなかったため、大神は、ハトホル神に赤ワインを、立てなくなるほど飲ませたそうな。

女神が酔いから醒めて目覚めた時には、正気に戻っていたそうだが、大神がハトホル神に、こう命じた。

「女神ハトホル、あなたは今後、この神殿内の中で、歌い、踊り、音を奏で、楽しむがよい！　しかし、この神殿から外に出られるのは、年に1度だけだ！」

それ以来、女神ハトホルは、年に1度だけ神殿の外に出られたそうです。


ガイドさんからその話を聞いた時は、意外な話にびっくりした！！

そんな話は聞いたことが無かった！！

愛と調和の女神で世界的に有名な女神に、こんな話があったなんて！！

本当にびっくりした！

私が「本当に？」と。驚いていると、ピーターが私にこう言った。

「君たち、さすが、ツインシスターズやん！！　謎が解けたぞ！！」

私は「え！」と思い。ピーターと、ガイドさんに続けて言った！

「だからね！！　女性を怒らせると、大変なことになるから、気をつけた方が良いよ！」

と言うと、ピーターとガイドさんが、大笑いをした！

私もお腹を抱えて大笑いをした！

ハトホル神殿に「また来ます！」と言って、その神殿を離れた。

その後、私は空港に向かう車の中で思った。

「母性が強すぎる。その反対は、ヒステリックだ！」なので、私はバランスが取れるように、天秤座なのだと思った。

こうして、エジプトの旅は、私にとって忘れられない思い出となった。

# 27 感謝

不思議な体験をしてから、本当の魂の旅が始まったような気がします。

私の魂の旅が始まってからも、私を信じて、いつも大きなサポートをしてくれている私の夫に言葉では言い表せないくらい感謝の気持ちでいっぱいです。

心から感謝します。

夫の家族と私の父と母、姉と友達。そしてご先祖さまに心から感謝します。

親しい友達に私の話を聞いてもらい勇気をいただきました。感謝します。

スピリチュアルに興味を持つようになり、今まで受けたことがなかったセッションを受けたり本を読んだりしました。現在のネット環境は、いろんなことが学べて助かります。YouTubeやオンライン講座で、いろんな先生から学ぶことができます。インターネットで分からないことがあれば、すぐに検索ができる環境に私は本当に運がいいと思います。
そして、私の体験話を出版してくださったClover出版 小田実紀編集長、スタッフの皆様に心から感謝申し上げます。

この本を読んで、「いろんな神様が私たちを守ってくれている!」、「自分は一人ではない」と、感じてもらえたらとても嬉しいです。この本を読んでくださっている皆さんも、いろんな神様や天使と繋がることが出来ます。感謝をもって信じることが出来れば、いろんな素晴らしい体験をされることでしょう。
それでも悩み前に進めなくなって、どうしたら良いのか分からなくなった時に、この本を読んで少しでも元気になっていただければとても嬉しいです。

3月の朝、突然、椅子に座ると、以前に読んだ本が気になりました。
その本を持った瞬間、メッセージが私に届きました。

そのメッセージは『エジプト時代は、高い精神を持った人がたくさんいたが、一方で、戦いが絶えなかった。その時代を超えて行け！　新しい時代が来たのだ。変化を恐れてはいけない。それは平和を愛する道なのである。すべては自分が決め進んでいくのである。意図が重要で形でなく、その本質が重要なのである。自分の信じる道は神のサポートが入るのである。恐れを捨てよ！　希望の光を持って進めば良い！』というメッセージでした。

私は「どなたですか？」と声を出して聞いてみると『クフ』と言って、エネルギーが消えていった。

私はすぐに、その本を手に取って、ページをざっと開くと、クフ王やカフラー王の写真が載っているページが出てきました。

心が満たされて喜びで涙が出て、感謝の心があふれました。

エジプトの旅を終え、あるセッションに参加した時のこと。さらに強く「自分を信じられる！」体験をしたのです。その経験から「本当に自分を信じることの大切さ」を強く心に感じることができました。

自分を信じてください！


信じれば、これでもか！　というぐらいあなたに神の応援が降りてきます。

新しい時代は、もうすでに始まっています。

愛と調和の心で、希望と一緒に光の道を進んでください。私たちは幸せになるために生まれてきたのです。そのことを思い出しましょう！

新しい時代に向かって、大きな変化を感じていくでしょう。


最後に、私をいつも見守っていてくださるエジプトの神々。トート神、女神ハトホル、ホルス神、イシス神。日本の神様スサノオノミコトからもパワーをいただきました。大天使ミカエル、ラファエル、サンダルフォン、ザドキエルやアズラエル、他の天使達、自然の精霊に感謝します。


そして、いつもそばにいてくれている愛犬ゆきちゃんに感謝します。

本当にありがとう！

私の魂の旅は、これからも続きます。

すべてに感謝します。

2023年　3月15日
スッター 道子

【著者略歴】
スッター 道子（Sutter Michiko）

2021 年 6 月、突然エジプト神が現れ、大きなエネルギーが体の中に入る不思議な体験をする。その後『愛と調和を伝え闇に光を照らしなさい』と高次元からメッセージが届く。
私は誰？ どうしてエジプト？ という思いから自分探しの旅を始め、やがて高次元からのメッセージを受け取り不思議な体験をするように。
真の光とは？ 幸福？ 最後の日を迎える意味とは？『今を生きる！』に興味を持ち直感で生きる体験を実験中。直感リーディング、チャネリングで人々にメッセージを伝え、クリスタルボウルで癒しを与える活動も。スイス在住
https://www.michikosutter.ch/

装幀：冨澤 崇（EBranch）
組版：須賀美月
校正協力：小柳津まさこ・大江奈保子
編集協力：家入祐輔
編集：小田実紀

光の道に導かれて
——Soul journey to find who I am

初版1刷発行　2023年8月24日

著　者　スッター 道子
発行者　小川泰史
発行所　株式会社Clover出版
〒101-0051　東京都千代田区神田神保町3丁目27番地8 三輪ビル5階
TEL 03-6910-0605
FAX 03-6910-0606
https://cloverpub.jp
印刷所　日経印刷株式会社


ISBN978-4-86734-167-4 C0011